时间管理

成为效率高手的98个工具和策略

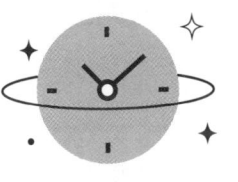

姚讲·著

TIME ⟶ MANAGEMENT

中国纺织出版社有限公司

内 容 提 要

时间管理不是远离生活的宏大叙事，而是融入生活中一点一滴的践行。《时间管理：成为效率高手的98个工具和策略》以公认有效的98个时间管理工具和策略为依据，结合所有可能导致低效的行为，详细拆解时间管理的底层逻辑，并给出详细的策略以及行动方案，从而帮助你告别低效和拖延，聚焦重要目标，减轻工作压力，升级工作系统，迅速提高工作效能。

如果你践行本书的时间管理方法，那么有可能在每个工作日至少节省60分钟，每周节省5小时，每月节省20小时，每年节省240小时，算下来，每年可以节省出6周的时间！

省下的这些时间将帮助你实现更多可能，赶紧行动起来吧！

图书在版编目（CIP）数据

时间管理：成为效率高手的98个工具和策略／姚讲著.--北京：中国纺织出版社有限公司，2023.5
ISBN 978-7-5229-0439-9

Ⅰ.①时… Ⅱ.①姚… Ⅲ.①时间—管理 Ⅳ.①C935

中国国家版本馆CIP数据核字（2023）第051568号

责任编辑：郝珊珊　　责任校对：高　涵　　责任印制：储志伟

中国纺织出版社有限公司出版发行
地址：北京市朝阳区百子湾东里A407号楼　邮政编码：100124
销售电话：010—67004422　传真：010—87155801
http://www.c-textilep.com
中国纺织出版社天猫旗舰店
官方微博 http://weibo.com/2119887771
天津千鹤文化传播有限公司印刷　各地新华书店经销
2023年5月第1版第1次印刷
开本：880×1230　1/32　印张：6.5
字数：188千字　定价：58.00元

凡购本书，如有缺页、倒页、脱页，由本社图书营销中心调换

序　言

我们总能听到这样的抱怨，"今天什么都还没做呢，时间怎么就过去了？""这件事，别人两小时就做完了，我做到半夜还没完成。""我都不知道自己在忙什么。"……

为什么会产生这些烦恼？什么是时间管理？时间管理是一门缜密、严谨的科学，它的目的是让我们实现快乐且充实的成功人生，让我们不是去应付时间，而是去亲近时间、热爱时间。

实际上，我们是不能管理时间的，只能管理我们与时间的关系，也就是说，有效时间管理的最终含义就是有效地管理我们自己。我们不能控制自己拥有多少时间，只能控制使用时间的方法。

事实上，只要掌握了正确的时间管理策略与技巧，普通人也能事半功倍，变成高效能人士。管理时间就是通过用技巧、技术和工具来帮助我们更高效地完成工作，实现目标。本书共介绍了7大时间管理策略和98个时间管理工具，可以帮助读者：击退拖延症、聚焦主要目标、增强意志力、提升专注力、实现工作流自动化、远离效率黑洞、避免一次性不把事情做对等。书中介绍了一系列与个人和组织时间管理息息相关的要素，综合了时间管理方面的成功经验，为你提供诸多解决问题和做决策的方法、技巧、思路以及思维方式，这些方法来源广泛，既有传统的解决问题方案，也有创新思维的方法，更有对大型协同合作的指导，让你在阅读的过程中就能立刻上手，对自己的时间管理方法进行相应的调整。

本书中介绍的许多方法，可以根据实际使用的人数进行调整：

既可以供个人使用，也可以供集体使用。在这些方法中，有些是其他方法经过些许调整之后的产物，有些则可以进行多种变化。作为读者，同时也是这些方法的使用者，你需要做的是选择一种适合自己的方法，或者组合各种方法，使其更为有效。

  我希望你会喜欢这本书，读后有所收获。在本书的编写过程中，我竭尽所能地呈现出最好的内容，但仍难免有疏漏和不妥之处，真诚地欢迎你给出反馈信息，谈谈你的成功、你对书中方法的改良，或者你是如何应用本书中的方法的。

姚 讲

2022 年 12 月 19 日

目 录

第 1 章 戒了吧，拖延症

工具1	短跑理论	002
工具2	15 分钟法则	003
工具3	时间日志	005
工具4	周 / 日目标	007
工具5	番茄工作法	008
工具6	WBS 任务分解法	010
工具7	日程校对	013
工具8	使用咒语	014
工具9	动力催化剂	016
工具10	搅拌	017
工具11	不分心的工作场所	019
工具12	敢于说"不"	021
工具13	根除潜在的绊脚石	023
工具14	齐加尼克效应	025

第 2 章 先瞄准，再射击

工具15	用"SMART 法则"确定目标	028
工具16	用"目标多权树法"分解目标	030
工具17	九宫格日记法	032
工具18	用"6W3H"分析细化目标	034
工具19	六点优先原则	037
工具20	吞青蛙法	039

工具21	剥洋葱法	041
工具22	有效计划法	043
工具23	捕捉装置	045
工具24	写出你的目标	046
工具25	分支法	048
工具26	通信记录	049
工具27	警惕"窄化效应"	051

第 3 章 给意志力充充电

工具28	习惯现在就做	056
工具29	压力管理曲线	057
工具30	GTD 法则	060
工具31	理想自我练习	062
工具32	冥想式运动	064
工具33	感激日记	066
工具34	同理心练习	068
工具35	愉快行为发现练习	070
工具36	晨礼	072
工具37	建立停止清单	074
工具38	为体能进食	075
工具39	按周期工作	077
工具40	最佳生活作息时间表	079
工具41	平衡创造力	081

第 4 章 自由的弹性时间

工具42	帕金森定律	084
工具43	霍夫施塔特定律	086
工具44	弹性时间	087
工具45	3 种必备的计划清单	089

工具46	完成项目，而不是完成任务	091
工具47	设定最后期限	093
工具48	每周回顾	094
工具49	避免硬时限	096
工具50	感激懒惰	098
工具51	心智导图	099
工具52	休一天假	102
工具53	计算生理周期	104
工具54	计算你的时间价值	105
工具55	拒绝"资料杀手"	108
工具56	先投资自己	109

第5章 工作流自动化

工具57	日常工作 VS 非日常工作	114
工具58	运用"PDCA 循环"改进工作	116
工具59	标准化管理	118
工具60	习惯的角色	120
工具61	30 天试验	122
工具62	建立一个牢不可破的标准	124
工具63	触发物	126
工具64	替换理论	128
工具65	操作性条件反射	130
工具66	一次培养一个习惯	132
工具67	始终如一	134
工具68	齿轮理论	136
工具69	建设性恶习	138
工具70	互联网仪式	140
工具71	用习惯做试验	141

第 6 章 远离效率黑洞

工具72	80/20 法则	146
工具73	ABC 控制法	148
工具74	3 分钟电话原则	150
工具75	被逼出来的生产效率	152
工具76	外包	154
工具77	双流理论	156
工具78	批量处理	158
工具79	避免接触懒惰的人	160
工具80	信息节食	162
工具81	寻找指数报酬	163
工具82	速读	165
工具83	工作地图	167
工具84	减少被打扰	169
工具85	给所有东西规定放置的地方	171

第 7 章 第一次就把事情做对

工具86	知道你想要什么	174
工具87	将计划和实施分开	176
工具88	否定假设法	178
工具89	墨菲定律	180
工具90	测量	182
工具91	日程记录	184
工具92	迅速试错	186
工具93	实验	188
工具94	条理 VS 成就	190
工具95	做一只刺猬	192
工具96	MUSE 法挑选解决方案	194
工具97	A、D 制工作法	196
工具98	参考借鉴法	198

戒了吧，拖延症

第1章
CHAPTER 1

工具1：短跑理论

管理工具　Management tool　▶▶

短跑理论的本质，是指每个人专注解决问题的状态都是可以储存的，就像电动车的电池一样，即使用光了，也可以给它充上电，让它继续工作。它的工作原理，在于通过自身精神激励的重复性冲刺，最终将行为固化成为内在的习惯。就像我们在短跑时，感觉体能即将耗尽，快要跑不动时，为了让自己快速地打起精神，会给自己一点积极的心理暗示，坚持一会儿，再坚持一会儿，直到终点。

适用场景　Applicable scene　▶▶

★ 日常行为习惯养成

★ 目标或方案长期悬而未决，短期需要迅速决断

如何使用　How to use　▶▶

短跑理论是帮助我们改善注意力、提高效率的好方法，使用方法很简单，大致可分为以下3步：

Tip1：**选定目标**。选择平时很想做，但因为缺乏意志力而没有做成的事情。比如说，强制自己每天6点钟起床，每天散步30分钟等。

Tip2：**制订计划**。当一种行为或者想法重复21天，就会变成一个习惯性的动作或想法，所以制订的计划时间不能少于

21天。

Tip3：暗示巩固。 在每次完成预定目标后，暗示自己下次时间可以稍长点，或者强度加大一点点。比如，刚开始健身30分钟，完成后暗示自己下一次坚持35分钟，下下次40分钟……久而久之，你会发现每天坚持长时间的锻炼已经成为习惯，不需要刻意坚持。

注意要点　Points for attention

* 短跑理论实施起来，有两个关键因素要注意。刚开始要保持一定的频次和质量，并且下次的目标完成程度要高于前一次。初期高频次的重复是为了好的行为习惯的养成，每次有效完成并且超过前一次的目标，是为了产生积极的心理暗示，这样久而久之，我们的收获就会比初期大很多。

* 坚持短跑理论的好处在于，通过每天重复做，且每次多做一点，可以在计划制订和实施过程中形成比原计划多做一点点的习惯，逐渐由量变引发质变，你的工作和生活将会发生很大的改变。

工具2：15分钟法则

管理工具　Management tool

美国著名心理医生沃克·威廉森提出了"15分钟效率法则"。这个法则是指，强迫自己在工作开始的初期专注15分钟，通过这15分钟让自己完全进入状态。一旦进入工作状态，接下来我们做的事情，就会存在"势能"，让我们一直做下去。

再多坚持15分钟，这是对抗临时消沉和习惯性拖延的好方法。15分钟的时长很合理，对拖延症患者来说，不会感觉到压力，有利于排除干扰，保持专注。

适用场景 Applicable scene

★ 需要处理的事情是你不太喜欢做的
★ 内心不想拖延，但抵挡不住外界的诱惑时

如何使用 How to use

我们可以试着按下面的步骤来做：

Tip1：**明确自己要做的正事。**在做事前排除其他所有干扰，比如，关掉无关的标签页或是关掉手机。排除干扰还不够，你还得让自己专心。

Tip2：以15分钟为一个单位，在第一个15分钟开始进行任务事项，全身心投入，不被外界干扰。

Tip3：当第一个15分钟结束时，根据自己的状态、情况以及想法选择继续任务还是做其他事情，如果决定做其他事情，也要专注投入其中，而15分钟一到，便回到选择模式。

按这个方法实施15分钟后，通常是停不下来的，你会发现，原来没动力做的事情，现在变得很乐意去完成它了。就好像看一本书，原本没兴趣，偶然读到里面有意思的片段，就想

一口气把剩下的章节也读完。

注意要点　Points for attention ▶▶

＊15分钟法则运用比较灵活，自由度高。15分钟到了，是接着工作还是玩，可以自由选择。如果状态不错，就可以接着工作；如果累了，那就让自己好好放松一下，不过前提是之前的15分钟必须是沉浸式的、高效的。

工具3：时间日志

管理工具　Management tool ▶▶

时间就像工资，总是还没怎么花就没有了。我们需要像理财一样去理时间，理财需要账簿，理时间同样也需要，这个账簿就是——时间日志。写时间日志最大的好处是，它能够帮助你客观记录每天的时间开销，进而帮你分析自己的时间是否产生了有价值的成果。

适用场景　Applicable scene ▶▶

★ 平衡生活、学习和工作时
★ 总结分析自己的时间掌控能力时

如何使用　How to use ▶▶

时间日记看似很简单，把每天所做的事情一一记下来就行了。实际上，这件事并不是这么容易，还是有一些技巧可言的。我们可以按以下的步骤来做：

Tip1：手动编制记录模板。在本子上按下面的模式记录：

> 2022/05/05
>
> 6：00~7：00　阅读英语1小时
>
> 8：00~9：00　完成××拓展方案的编写
>
> ……
>
> 总结：
>
> 　　阅读时间：××小时××分
>
> 　　方案构思：××小时××分
>
> 　　有效时间合计：××小时××分
>
> 　　娱乐时间：××小时××分

具体分类可以根据自己的需求和实际情况制定。坚持一段时间后，你一定会发现，做事拖延的毛病不知不觉就已经改掉了。

Tip2：APP记录。下载一款时间日志APP，根据需求进行分类和记录。

注意要点　Points for attention ▶▶

＊详细的分类很重要。在使用APP进行时间日志填写时，分类的精准性会影响报表输出，进而影响自己的改进方案和习惯养成。

＊坚持定期总结，无论是采用手动记录，还是APP记录，都要进行定期复盘，观察自己的有效时间利用率变化情况，不能

只写不看，否则日志就成了手账。

⚙ 工具4：周/日目标

管理工具 | Management tool ▶▶

列周/日目标是一个对抗拖延十分有效的方法。制订周/日目标可以把一个大的目标（周目标）分解成一个个小目标（日目标），激励我们完成任务的不再是遥遥无期的截止日期，而是每周和每天的目标清单，这样我们会更具有目标感和紧迫感。任务进展到什么程度、预计完成时间，只需要查阅清单便一目了然。

适用场景 | Applicable scene ▶▶

★ 制订了年/月目标，需要落实分解到以周/日目标为主的计划当中去的时候

★ 没有清晰的目标，不明确每天应该做什么时

如何使用 | How to use ▶▶

这个方法很简单：

Tip1：每周最后一天，列出你下一周想要完成的工作。

Tip2：每天结束时，把一些周目标工作挪到新的日目标列表上，这就是你下一天要完成的目标。

Tip3：一旦完成了日目标，那么这一天就停止工作吧。

> **注意要点**　Points for attention

＊制订周/日目标时，一定要计划得当，需要注意每天的目标任务数量不要太多，3~5项为宜，且每一项小任务都要有明确的完成时间要求。

＊如果当天任务完成，就可以休息，不超前完成任务。如果发现当天上午就把所有任务都完成了，或者到晚上了还没完成一个任务，这往往是计划不当或者不知道每项任务完成的大概时间，导致时间和精力不匹配。

工具5：番茄工作法

> **管理工具**　Management tool

番茄工作法是由弗朗西斯科·西里洛于1992年创立的一种简单的时间管理法，就是将自己的时间分割成以30分钟为一个单位的"番茄"，每一个"番茄"包含25分钟的工作时间，另外5分钟为休息时间。在一个"番茄"钟的工作时间内，只选择完成一项工作任务，不做与这项任务无关的事情，直到"番茄"钟响起。连续完成4个"番茄"钟后可以多休息一会儿，如15~30分钟。

番茄工作法几乎是每个实践时间管理的人都会接触的方法，简单易行，尤其是当你需要深度工作的时候，番茄工作法无疑可以让你快速投入工作。

适用场景 Applicable scene ▶▶

★ 适用于注意力不集中或情绪内耗导致的拖延

如何使用 How to use ▶▶

具体来讲,番茄工作法可以分为计划、执行、应对中断、休息、记录评估5个步骤。

Tip1:计划

在开始一天的工作前,先准备3张纸、1支笔和1个计时器,然后在3张纸上分别写上"活动清单""今日待办""记录"。把你能想到的今天要做的事项都记录在活动清单上。

活动事项列好后,先花几分钟思考一下,完成这些工作需要多长时间,给每一个待办事项设置好番茄钟数量,然后依次将它们列入"今日待办"中。

Tip2:执行

计划列好后,接下来就是真正开始工作了。选择其中一个番茄钟,开始全身心地投入工作。

Tip3:应对中断

番茄钟设置好了,但在执行时也可能会被打断。如果是一些无关紧要的琐事,可以往后挪甚至不去管它; 如果是重要且紧急的事项,则优先处理。

Tip4:休息

一个番茄钟结束后,让自己短暂休息一下。完成4个番茄钟时,可以进行15~30分钟的休息,让自己喝杯水,活动一下身体，看看窗外，总之可以做一些与工作无关的事，让自己的身心放松一下。

Tip5：记录

我们每完成一个番茄钟，应及时记录自己的状态，例如，中途中断了几次，造成中断的原因是什么，有没有办法可以避免，等等。记录的目的在于分析和了解自己，优化自己的时间观念，最终摸索和总结出适合自己的一套时间和精力管理方法，帮助自己提升效率，获得更大的成功。

注意要点 Points for attention

* 在休息时尽量不要刷手机，这样会使你的大脑和眼睛仍然得不到休息，而且还可能因沉迷其中而忘记时间，影响下一项任务的完成。

* 每个番茄时长可以根据自己的精神状态进行调整，只要觉得是高效的就好。不过对于一般的办公室工作者，番茄时长在25~50分钟为宜。

工具6：WBS任务分解法

管理工具 Management tool

WBS任务分解法，即Work Breakdown Structure，其核心是将主体目标逐步细化分解，最底层的任务活动可直接分派给个人去完成；每个任务原则上要求分解到不能再细分为止。WBS明确了完成项目所需要进行的工作，可使人产生紧迫感和责任感，为任务的如期完成而努力。掌握了这种方法，对待任何一项看似艰难的工作，我们都犹如庖丁解牛，看似无从下手，实际游刃有余。

适用场景 Applicable scene

★ 遇到难题，需要新的思路来解决问题时
★ 一项难度较大的工作，持续周期比较长时

如何使用 How to use

Tip1：解决非常规任务。很多时候，我们的工作会出现突发情况，比如，从未申报过印花税的合同保管员被指派去统计印花税内容。这时候我们会感到慌张，因为超出了自己的工作或认知范畴，而产生畏难情绪。如果急于向同事求助，则会给他人造成不必要的麻烦，同时也会显得自己工作的专业度不够。面对这种情况，我们可以深呼吸几次，拿出纸笔，看看如何将这项工作分解。

我们可以这样写：

1. 查资料，什么是印花税，了解统计印花税需要哪些资料。
2. 去档案室查询以往印花税申报留底资料，揣摩统计方法。
3. 询问交付部门意见，明确提交时间。
4. 准备基础数据，开始统计。
5. 完成报表，请财务部门核验。

经过以上5步的分解，一项令人头大的非常规工作就完成了。

Tip2：分解看似难啃的"骨头"。 一些持续时间非常久的工作，想快速完成看起来很有难度，比如，近两个月的客户体验反馈跟踪。一想到甲方难看的脸色和挑剔的言辞，再想到要跟踪两个月，很多人就会因畏难而失去完成的信心，造成拖延。我们可以拿出纸和笔这样写：

1. 第一个月的前三天，统计近两个月的客户信息，包括产品型号、客户所在行业，以及通过何种方式购买产品或服务，做好电子台账。

2. 在每个客户的后面标记跟踪时间，可以每三天联络一次，或者五天也可以。

3. 规范客户沟通话术，根据不同用户的特点制作沟通大纲，避免产生沟通时言语苍白无力的问题。

4. 定期复盘，找出客户提出的问题，总结解决问题的惯用方式，及时形成汇总报告。

经过以上4步的分解，将一项令人头大的长期任务进行分解，大而化之，后续只要逐一落实即可。

注意要点　　Points for attention　▶▶

* 短期任务或常规工作不适用于本方法，若常规工作也采用工作分解法，则失去了由量变到质变的意义。

* 分解步骤要由简到繁，随着工作开展层层递进，初始工作切莫贪多嚼不烂，应在循序渐进中慢慢培养完成任务的自信心。

工具7：日程校对

管理工具　Management tool　▶▶

你的体内同时存在自律和拖延两种人格。如果你不相信自己要去办的事情，就会造成拖延，日程校对是当你对自己的待办事项有充分信任的时候所做的事。有了这种信任，你就会避免过度工作，也不会养成懒惰拖延的坏习惯。

适用场景　Applicable scene　▶▶

★ 对完成计划清单任务信心不足时
★ 总结分析自己的时间掌控能力时

如何使用　How to use　▶▶

Tip1：开始工作之前，告诉自己列表完成的时候就算大功告成了，以此来激励自己，建立对待办事项的充分信任。

Tip2：如果日程上的任务都已经完成，就停下来，不再额外增加，以免破坏这种信任，否则将很难再次激励自己。

注意要点　Points for attention　▶▶

＊ 当我们完成了日目标或者周目标时，不要随意加任务，这会破坏信任。

＊ 如果总是完成所有计划还剩余大量时间，说明制订计划的能力不足，下次可考虑适当地给计划清单加一点待办事项。

工具 8：使用咒语

管理工具 — Management tool ▶▶

在印度文化中，咒语是圣贤讲解理论学说时最后高度浓缩的话语，咒语其实是浓缩的精华，是真言。咒语可以唤起人心中的正念，瞬间把人从消极状态中拉回到正能量满满的状态。当拖延症出现无法推进工作时，可以依靠咒语正念的力量，克服惰性，消除阻隔，养成自律的习惯。

适用场景 — Applicable scene ▶▶

★ 面对只靠耐力就能完成的一项工作时
★ 状态不好主观想偷懒的时刻

如何使用 — How to use ▶▶

Tip1：找事情
找一件现在可以开始却拖延了很久的事情。

Tip2：设闹钟
用手机设置4个闹钟，每个15分钟，分别设置在15分钟、30分钟、45分钟和60分钟后。

Tip3：念咒语
每15分钟念一次咒语，做一次决定，每次只考虑当前的15分钟。在每个15分钟的时间里，只专注于完成当前的任务。

咒语一：

启动任务时，以及每次闹钟响起时，默念咒语一："眼前的15分钟，我选择沉浸还是休息？"如果选择沉浸，就让自己专心做这项任务。如果选择休息，那就喝水、散步、打电话或闲聊等，但不让自己接触手机或电脑。如果因为太专心而没有听到或者忘记了闹钟，就视为自动选择新一次沉浸。

咒语二：

如果启动困难，就默念咒语二："再可怕的任务，我也有能力完全地沉浸1次。"

咒语三：

如果在沉浸中难以坚持，就默念咒语三："用不了15分钟，我就有休息的机会了。"

沉浸过程中要尽全力避免外界的打扰。

以上三个咒语只需1分钟就能学会，15分钟就能体验到效果。

注意要点　Points for attention　▶▶

＊咒语一定要选择最能刺激自己内心敏感神经的一句话。

＊利用咒语成功地将自己从拖延症中拉出来以后，要小小奖励一下自己，这样咒语会变得越来越有效力。

工具 9：动力催化剂

管理工具　Management tool　▶▶

催化剂最早出现在化学领域里，当把催化剂放进实验容器的那一刻，激烈的化学反应就发生了！在我们的日常工作中，有没有类似催化剂的东西，能让我们在瞬间燃起希望，克服惰性呢？答案是肯定的。加速工作进展的催化剂，我们称为动力催化剂。运用动力催化剂会让我们瞬间产生继续努力的欲望，从而加速我们整个工作进程。

适用场景　Applicable scene　▶▶

★ 常规工作无限循环后的倦怠期出现时
★ 想快速完成一项工作，却因为惰性迟迟没有开始时

如何使用　How to use　▶▶

Tip1：**醒目提示**。常规工作陷入无限循环时，就要及时学会克服倦怠感。在一件事上做得熟练后，时间一久就会觉得，其实这样的工作没什么技术含量。经过了初学时的生疏，刚刚熟悉时的新鲜感，过不了多久就会觉得索然无味，所以很多时候正是由于太过自信而大意，结果出现了纰漏。要加入动力催化剂，我们可以这样做：把每天必须要完成的各项工作分别用不同颜色的便利贴贴在醒目之处，提醒我们必须要完成这些事。

Tip2：公开作出承诺。一个人是无法既当运动员又当裁判员的，与生俱来的惰性会瓦解我们心血来潮的志气。这时我们可以将自己最后的退路舍弃，我们是爱面子的，虽然很多时候面子会让我们多少有一点虚荣，但面子也可以成为我们的动力催化剂。

比如，在个人社交媒体上公开作出承诺，宣布自己的百日大计，请朋友来见证，让熟悉的人共同监督自己。当我们想懒惰下来，开始拖延的那一刻，看看自己在社交媒体做出的承诺，面子会帮助我们从舒适的沙发中站起来，将双手从零食的诱惑中拽出来，把目光从没有营养的消遣视频中抽离出来，这就是催化剂的作用。

注意要点　Points for attention

* 催化剂一定是能够产生批判作用的媒介，可以让虚荣心成为催化利器。

* 催化剂一定要醒目，一定要放在自己工作生活的"必经之路"上。

工具 10：搅拌

管理工具　Management tool

很多时候我们会产生拖延，不是因为我们不想去做，而是因为做出来的成果无法达到预期，做了太多的无用功，已经彻底失去了对做好这件事的耐心和信心。这时候，我们就需要搅拌。搅拌与其说是一种工具，不如说是一种心态，一种态度。具有搅拌心态的人，面对事倍功半的局面，能够保持心态平稳，在实践中坚信"失败是成功之母"。

适用场景 Applicable scene ▶▶

★ 屡次尝试依然没有思路的工作困局

★ 内心不想拖延，但抵挡不住外界的诱惑时

如何使用 How to use ▶▶

Tip1：欣然接受搅拌的过程。灵感会忽然闪现，多少伟大的艺术作品都是在一个偶然的瞬间想到的，于是被创作了出来，流芳百世。但这些美好的灵感真的是偶然出现的吗？答案是否定的，就好比我们要根据领导的要求完成一份汇报材料，可左思右想翻来覆去还是那么几句话，内心容易产生深深的倦怠感。

Tip2：遏制懈怠的情绪蔓延。如果我们知道好的作品都是搅拌以后产生的，我们就会欣然接受这样一个过程：此刻的我是在搅拌这些想法，我就是要让这些不好的点子全部都淘汰掉，不断丢弃这些说不通的构思方向，剩下别无选择的唯一一个，当然就是无与伦比的那个点子了。

欣然接受搅拌的过程，我们就赢啦！

注意要点 Points for attention ▶▶

＊搅拌能够锻炼我们强大的内心，让我们在很多情况下

保持思路清晰。但要注意常规容易的工作不适用搅拌方法。

　　*搅拌的过程有长有短，当经历了长时间的搅拌依然没有出现更好的局面时，请给自己一个喝咖啡的时间。将这些残次品晾晒一下，让大脑放空，咖啡饮尽，试试看，灵感会在不经意间降临。

工具11：不分心的工作场所

管理工具 Management tool

　　有研究数据表明，人在分心之后重新关注任务可能需要23分钟。分心有可能是突然的电话、微信消息、电子邮件、临时找你的同事，等等。在工作中，每次中断都意味着至少造成了20分钟的生产力损失。

　　避免拖延的关键就是不分心。打造一个不让自己分心的场所，对于习惯分心、容易受到外界打扰的人来说，尤其重要。

适用场景 Applicable scene

　　★ 注意力很难集中时
　　★ 想逃避任务压力时

如何使用 How to use

Tip1：摒弃无聊的社交媒体

　　如果你对自己的专注力没有十足信心，请摒弃无聊的社交媒体。刷短视频会上瘾，这已经是公认的事实。本想着只是放松五分钟，看看有没有什么新闻，谁料想打开短视频APP的那一刻，再关上它已经是一个小时之后的事了。此时我们最好将工作设备和休闲设备分开，可以准备两部手机，一部用于个人生活休闲，另一部完全用来工作，在工作时，坚决不打开休闲社交媒体，而在休息休闲时，则可以适当放松身心。这样做的结果就是，工作和私人时间有非常明显的边界感，也对我们拖延症的治愈有非常大的作用。

Tip2：屏蔽干扰因素

将桌面上任何不属于工作范畴的因素清除，在办公室外悬挂一张请勿打扰的牌子，都是在告诉他人，你在专注于工作。因此，在埋首于事务性工作的每一天，找出一点时间来反思和沉淀，知道我们怎样去做才能更好、更高效，比每天裹挟在繁冗的日常中更加难能可贵。或许打造这样一个不被打扰的场所有些不容易，但如果没有决心去做，专注力将更加难以集中。

注意要点　Points for attention ▶▶ ◎

＊屏蔽无聊的社交媒体，实质上是心瘾的戒除，在选择屏蔽时要有足够的毅力和决心。严格来说，屏蔽了社交媒体，标志着一个优秀工作达人的苏醒。

＊屏蔽干扰自己工作的客观因素，需要经过一段时间的坚持，这不仅仅是自我习惯的养成，更是与周围合作伙伴的磨合。让周围的同事都了解并认可你的工作规律，将更有利于你形成公私分明的边界意识，更容易治愈拖延症。

工具12：敢于说"不"

管理工具　Management tool

正如毕淑敏所说的："拒绝是一种权利，就像生存是一种权利。"时间管理的最高境界是只做必须做的事。只做必须做的事，带来的不仅仅是积极主动的感觉，更是一种选择权。时间是如此稀缺而宝贵的资源，只有当我们学会开始向一些没那么重要的事情说"不"时，我们才能对那些有意义有价值的事情说"是"。

适用场景　Applicable scene

★ 制订中长期学习或工作计划时
★ 想开始一项工作身体却迟迟无法行动起来时

如何使用　How to use

Tip1：三思而后行

别人请求帮忙，先不要回答，先问清楚事情是否着急，时间节点是什么，再想想：自己是否有时间接受别的工作？这项工作该怎么做？如果接受请求，需要付出多少时间和精力？如果我这次答应帮忙，对方会不会要求我再次做同样的事呢？ 总之，不要不假思索、不负责任地随意接受别人的请求或要求。

Tip2：阐明拒绝的理由

如果实在无法答应别人的请求，那么在拒绝别人时一定要阐明理由。没有任何理由的拒绝，容易让人心生不快，因为提出请求的人可能并不清楚你目前的工作量或面临的压力。如果你在拒绝他人时，把自己的处境告知对方，对方不仅能理解你，反而会因为打扰到你而心怀歉意。

Tip3：态度要明确

如果确实没办法答应对方的要求，那么拒绝的态度一定要坚决，不要给人模棱两可的答案，"可能""或许""大概"之类的话尽量不要说，拖延只会浪费双方的时间。

Tip4：以建议代替拒绝

如果没有时间帮忙，不妨在拒绝别人的请求时，给出一些切实可行的解决办法，这样能让对方感觉到你是真心实意地想帮助他。比如，你可以说："抱歉啊，这次我没法帮你，但我认识一位朋友，他曾经解决过类似的问题，我这就帮你打电话问问！"

注意要点 Points for attention ▶▶

* 在我们拒绝别人的请求时，生硬地拒绝只会让你的人际关系变糟糕，所以要讲究方式方法，让自己既能坚持原则，又不伤别人的面子。比如，你可以说："很抱歉，这个星期我真的很忙，腾不出时间。如果这个问题到下个星期还没解决的话，你再来找我，或许我到那时能帮得上忙。"

工具13：根除潜在的绊脚石

> **管理工具**　Management tool　▶▶

当我们意识到自己患上拖延症后，我们可能采用了不止一种让自己更加勤勉的工作方法，但实践下来发现，最终都是以无果收场。这时候我们应该静下心来深入思考一下，是不是问题从本质上就是错的。

如果让一个能潜心研究学问的人去做演说家，他可能终其一生都会活在痛苦中；如果让一个擅长做财务报表的人去做文案策划，他可能会因为思路枯竭而陷入抑郁，所以，方向比努力更重要。只有根除潜在的绊脚石，明确了自己真正的奋斗目标，一切外在的有利条件才能真正发挥作用。

> **适用场景**　Applicable scene　▶▶

★ 就业后多年无法突破自身瓶颈时
★ 长期因为工作产生焦虑甚至抑郁时

> **如何使用**　How to use　▶▶

Tip1：让自己沉淀下来

找个空闲时间，让自己的思维停止纠结，让自己整个身心停下来，找一个特定的时间段，可以冥想，也可以静坐，找一些舒缓解压的音乐搭配使用，效果更佳。强迫自己，让大脑放空，什么都不去想，什么都不去做，沉下心来，感受自己的心跳和呼吸，感知自己此时此刻的每一个感受。

如果有条件，能选择一处远离尘嚣的地方最好，可以选一个度假村，也可以逃离城市，去一个边远小城待上几天。如果没有条件，也可以请上几天假，关掉一切通信工具，在确保食物充足的前提下，在家中闭关一段时间。

Tip2：动笔写下来

待心绪平定下来后，请拿出纸和笔，第一步，写出自己的优势和劣势，再分别给优势和劣势都标注好重要等级，等级越高，代表优势越强，劣势越显著。第二步，在纸上写出自己的兴趣爱好，以及对应的职业名称，再比较一下自己的哪项优势与之相匹配。第三步，剔除那些在当前条件下已经失去实现条件的职业选项，如明星、科学家、极限挑战运动员之类，保留那些在现有条件下通过努力还可以一试的职业。最后，选择一个在保留选项中自己最渴望实现的，从而确定未来的奋斗目标。

注意要点　Points for attention

* 除了自己没有正确认识自己，没有任何因素可以阻碍自己成为想成为的人。

* 找到产生拖延症的病根，才能运用其他提升效率的方法。

工具 14：齐加尼克效应

> **管理工具**　Management tool　▶▶

　　法国的一位心理学家齐加尼克曾做过一个著名的实验：将自愿参加实验者分为两组，分别让他们同时完成20项工作。虽然受试者接受任务时都处于紧张状态，但顺利完成任务者，紧张情绪逐渐消失；而没有完成任务者，紧张情绪持续存在，并有加剧倾向，他们的思绪被那些没有完成的工作干扰，心理上的紧张感难以消失。这种现象被称为齐加尼克效应。

　　将齐加尼克效应运用到时间管理中，我们会发现当需要解决的事情很多时，如果前面的任务完成得比较顺利，剩下的任务也能很轻松地得到解决；但如果前面的任务遇阻，我们就必须集中全部的精神和注意力来应对它，那么后面的任务很可能就会被搁置。因此，我们可结合这一心理效应，采取脚重头轻的办法安排每天任务完成的先后顺序。

> **适用场景**　Applicable scene　▶▶

　　★ 工作纷繁复杂，难易不同，无法取舍时
　　★ 因畏难情绪逃避现实，不愿面对难度大的工作时

> **如何使用**　How to use　▶▶

　　Tip1：在开始一天的工作时，人的注意力往往难以集中，工作状态不是最佳，此时可以安排一些容易做的、花费时间少

的、不太费头脑的工作，如处理邮件、打印文件等，然后再安排难度稍大些的工作，如电话回访客户、制订销售计划等。

Tip2：经过前面这些工作的"热身"，我们已经完全进入工作状态了，注意力比较集中，再处理那些比较有难度且费时的工作，效率会更高。

注意要点　　Points for attention　　▶▶　⊚

* 脚重头轻，只是相对而言，并不是把所有细小的事情都放在前面处理，而把最难的事情放在最后，这样可能等你处理完所有琐事后已经筋疲力尽了，再没有时间和精力做那些难处理且重要的工作了。

* 脚重头轻的时间管理法，比较适用于某个小的时间段内，比如，一天中的上午或下午，一周或一月中的某几天。我们可以把一个完整的时间段切分成几个小的时间单元，在每个时间单元中采取这种办法，效果更好。

* 当任务比较多时，一定要先分清轻重缓急，不能单从完成的难易程度和花费时间的多少来衡量。

先瞄准，再射击

第 2 章
CHAPTER 2

工具 15：用"SMART法则"确定目标

> **管理工具** Management tool ▶▶

SMART法则，是一项很著名的目标管理法则，最早由管理大师彼得·德鲁克在《管理实践》一书中提出，具体包括五项原则：具体的（Specific）、可以衡量的（Measurable）、现实可以达到的（Attainable）、有相关性的（Relevant）、有时限的（Time-bound）。

曾经有三组队员，跟着向导去10公里外的村庄露营。第一组不知道村庄的名字，也不知道路程远近，只知道跟着向导向前走。第二组知道村庄名字，也知道路程远近，只是所经过的路上没有里程指示牌，只能边走边向行人打听。第三组既知道村庄的名字，也知道路程远近，而且每经过1公里，就能看到一个指示牌。

现在请问，这三组队员，哪一组能最快到达露营目的地呢？

显然是第三组，因为他们的目标明确、具体，路程可以衡量，且相关因素都比较完备。这就是本工具对目标所能产生的作用的最好诠释。

> **适用场景** Applicable scene ▶▶

★ 工作目标模糊，实现方式模糊

★ 任务完成的具体步骤不确定，相关因素不明确时

如何使用　　　　How to use

Tip1：Specific——模糊的目标没有意义

如果想达到预期的工作效果，就一定要避免设定的目标太模糊，很多目标难以实现，很大程度是由于目标太过于模棱两可。所以在一开始就要把目标定得相当具体，销售额实现20%的增长就是模糊的，实现200万的增长就是具体的。

Tip2：Measurable——只有可衡量才能真正心中有数

定下了增长200万销售额的目标，只是明确了目标，想要如何实现它，还需要非常量化的步骤。就像前面分头去露营的那些人，浑浑噩噩地向前走，不如一公里一公里地计算，前者浪费了时间不说，由于缺少前期的分析预判，除了不能知道距离目标还有多远，还有很大可能多走冤枉路。

Tip3：Attainable——可实现的目标不是好高骛远

设定的目标必须是可实现的，一个企业设定了年度经营目标增长200万，是基于企业规模、市场环境、自身优势的多重考量，但一个打工人给自己设定年度收入增长200万的目标，除非中了彩票，否则哪怕是靠着996、白+黑的拼命三郎模式，也难以实现。客观实际可实现的才叫目标，否则就是好高骛远，甚至是痴人说梦。

Tip4：Relevant——紧密相关的因素不可或缺

露营的路上没有指示牌，就相当于一场探险，指示牌是关键信息，重要的相关因素。我们设定目标也是一样，适合的岗位，适合的工作内容，都是我们顺利实现目标的重要相关因

素,找到它们,我们才能走得顺畅,走得长久。

Tip5:Time-bound——没有时间节点的目标是海市蜃楼

时效性是确定目标的关键一环,增长200万销售额的经营目标,是在未来一年内实现,还是在未来三年内实现,有着本质的区别。就像有些人,设定了要减肥10公斤的目标,但没有确定具体时间限制,减肥也就成为了一纸空谈。

注意要点　Points for attention　▶▶

* 任何目标的达成都适用于SMART法则,坚持下去,你会发现自己变成了超高效能人士。

* 每一个环节都不可或缺,缺少任何一个因素,都不可能形成闭环管理。

工具16:用"目标多杈树法"分解目标

管理工具　Management tool　▶▶

目标与计划,是目的与手段的关系。实现目标的过程,也是从小目标到大目标一步一步实现的。通过反推模式,从终极目标出发,层层分解为可以量化的小目标,可以让大目标变得容易实现。

"目标多杈树法"是专业的目标分解工具,用树干代表大目标，用每一根树枝代表小目标，用叶子代表即时的目标，即现在要去做的每一件事。这是一种有条理的计划和分析方法，能确保目标和行动计划之间建立因果关系。目标多杈树，又叫作"计划多杈树"。

适用场景 Applicable scene ▶▶

★ 试用了各种线性方法解决问题，但是未能发现各个要素之间新的明显联系时

如何使用 How to use ▶▶

Tip1：specific——模糊的目标没有意义

写下一个大目标，然后问：要实现该目标的条件是什么？列出实现目标的必要条件和充分条件。完成这些条件，就是达成该大目标之前必须首先达成的小目标。每一个小目标，就是大目标的第一层树杈。

Tip2：具体分解步骤

1.写下一个大目标。

2.写出实现该目标所有的必要及充分条件作为小目标，即第一层树杈。

3.写出实现每个小目标所需的必要及充分条件，变成第二层树杈。

4.以此类推，直到画出所有的树叶——即时目标为止，才算完成该目标多杈树的分解。

5.检查多杈树分解是否充分，即反向从叶子到树枝再到树

干,不断检查如果小目标均达成,大目标是否一定会达成。如果是,则表示分解已完成,如不是,则表明所列的条件还不够充分,应继续补充被忽略的树权。

6.评估目标。目标的评估可分为目标合理性评估和计划可行性评估,这两项评估的核心是对目标大小的评估。评估目标是大了还是小了,先决条件是目标多权树已完全分解。

注意要点 Points for attention

* 与其他制订目标的工具搭配使用,如SMART法则,效果更佳。

* 判断目标是否达成。如果小目标全部达成而大目标未达成,则表明分解时忽略了其他辅助条件,请立即予以补充,直到条件完全充分为止。

工具17:九宫格日记法

管理工具 Management tool

九宫格日记是一种新的日记方式:画九个方方正正的小格子,像做填空题那样"对号入座",填写上相应内容,就完成了一篇日记,整个过程不过几分钟。这种被称为"九宫格日记"的新型日记方式,能通过将生活中的经历分门别类地简单记录,帮助个人更好地认识和反省自己的行为,督促自己完成计划、达成目标。

适用场景 Applicable scene

★ 总是因在某一方面关注过多而忽略了其他方面的人

★ 想做手账却不知如何排版的人

★ 感觉生活索然无味,不知日记该写什么的人

如何使用 How to use

首先画好一个九宫格或者准备一本九宫格日记本。从左向右,从上到下依次排序:

Tip1:**工作/学习情况总结**。首先总结一下今天完成了哪些主职工作。

Tip2:**饮食及锻炼情况**。写一写今天吃了什么、有没有活动,减肥的小伙伴还可以记录一下饮食情况。

Tip3:**社交状态**。记录一下今天的社交往来情况,保持一定的社交频率有利于维持自己的心理健康和良好的人际关系。

Tip4:**今日阅读/观影情况**。坚持每天摄入新知识,例如,进行半小时左右的阅读或者看视频,给自己的大脑充充电。

Tip5:**今日概述**。这个格子位于纸张的正中间,可以用来写一下日期、星期、天气、今天的收获,这个位置还可以贴贴纸、画涂鸦,贴什么、画什么都可以。

Tip6:**兴趣情况**。坚持一项有益的兴趣爱好,可以丰富生活、提升幸福指数,说不定还能变成副业。

Tip7:**今天值得关注的事**。开心的事,不开心的事,感动

的事，气愤的事……每一天都是值得纪念的，找个点记录下来吧，触动你的新闻也可以哦。

Tip8：今日的反省/对明天的展望。吾日三省吾身，记录今天的感悟，今天什么做得不好，总结记录一下吧！明天变成什么样的自己，也可以展望计划一下。

Tip9：财务状况。简单地记一下账，就知道自己的钱都去哪里了！

注意要点　Points for attention

* 尽量让每个格子里都有目标。如果你的九宫格里，某个格子常常是空着的，没有给自己安排任何任务，那就说明这方面失衡了，需要引起重视。

* 每个格子的目标不要超过3个。人的时间和精力有限，每个格子中设置的目标数量不宜过多。试想一下，一共8个格子，即使每个安排3个目标，也已经有24个了，人很难在一天内完成这么多的任务，最终很可能什么目标也没达成。

工具 18：用"6W3H"分析细化目标

管理工具　Management tool

管理之父彼得·德鲁克曾经说过："人并不是有了工作才

有目标,而是有了目标才能确定每个人的工作。"6W3H工具法就是基于这样的理念提出的。

6W3H工具法是用6个W和3个H开头的英语单词进行设问,发现问题、寻找新思路、做出新决策的方法。这套方法主要用于分析并细化目标。如果能用6W3H将目标界定下来,目标就非常明确了。

Why:做这项工作的原因。

What:工作的内容和要达成的目标。

Who:参加这项工作的具体人员,以及负责人。

When:在什么时间、什么时间段进行和完成工作。

Where:工作发生的地点。

Which:各种选择及优先顺序。

How:用什么方法进行。

How many:需要多大、多少,以计量的方式让事情更具体化。

How much:需要多少成本。

适用场景 Applicable scene ▶▶

★已习惯用常规的方式处理事情,试图考虑用不同的方式解决问题或取得更好的效果时

如何使用 How to use ▶▶

Tips:结合6W3H工具法分解这个团队的整体目标

某大区经理在参加完年终总结及来年经营分析会以后,给

团队定下了年度经营目标实现2000万这一目标。接下来，团队要根据这一目标，结合6W3H工具法分解团队整体目标。

Why为何？先坐下来静静思考：我们团队为什么要确定这样一个额度的经营目标，为什么不是1000万，不是3000万，不是其他数字？必须是2000万，这样定目标的基础和依据是什么？

What何事？要达成的目标确定了，那么各个责任经理的具体经营目标分解方案如何？我们需要准备哪些支撑技术和手段？

When何时？这个目标从什么时候开始实施？什么时候具体完成？在项目的哪个时间节点进行检查？这些问题都需要一一明确。

Where何处？整个大区的经营目标是确定了，但是各个片区应如何着手？每个片区的人口基础、市场条件有什么不同？不同的销售淡季旺季有何区别？每个具体片区的销售计划实施时如何避免一刀切的情况出现？

Who何人？谁去做，谁负责？前期市场基础设施搭建、中期销售方案布置，后期客户服务追踪都由谁来完成？每一层级的汇报对象是谁、执行人员是谁？都要确定清楚。

Which顺序如何？是采取由点到面逐渐推广的顺序，还是采取多点开花、全城燃爆的顺序，又或是按照受众群体多寡的顺序？都要明确具体。

How如何？如何做更能提升效率？如何实施更能保障信息对称？如何搜集客户信息才不至于遗漏？

How much？每一步的具体成本是多少？质量水平如何保障？产出数量要怎么监控？都要分别量化细分。

How many？具体可量化的投入及产出的数据统计，都可以放在此步骤进行。

利用6W3H将目标从多个维度进行拆解分析，达成目标的方法和流程就非常明确了。

注意要点　Points for attention

＊让目标衡量工作，比让工作被动地要求目标，在实际工作中更具有指导意义。量化之后的目标，实施起来更加容易。

＊只有将目标明确量化，才会有紧迫感，此工具适合个人和企业各个目标的综合分解及设定。

工具19：六点优先原则

管理工具　Management tool

效率大师艾维·李认为，一般情况下，如果一个人每天都能全力以赴地完成六件最重要的事，那么他就可以称得上是位高效率人士。

将每天最重要的六件事情按1到6的顺序记录到纸上，从现在开始，全力以赴做排序为1的事情，直到标记为1的事情完成或是被准备好，紧接着完成标记为2的事件，以此类推……直到做完最重要的六件事。

这是一个看起来非常简单的时间管理方式，如果你将它实践起来，做到有效的时间管理，那么工作的每一秒都将为你产生经济价值。

| 适用场景 | Applicable scene | ▶▶ |

★ 没有清晰的目标，不明确每天应该做什么时

| 如何使用 | How to use | ▶▶ |

　　Tip1：**列清单**。在前一天晚上把第二天的工作内容都列入清单，再将清单化整为零，将那些艰难、大的任务细分成小的、容易完成的部分。按事情的重要程度按1到6排序，第二天早上按顺序执行计划。同理，我们也可以用此方式写下周计划、月计划，甚至是年计划……

　　Tip2：**将六点优先原则和思维导图结合**。在白纸的中心画

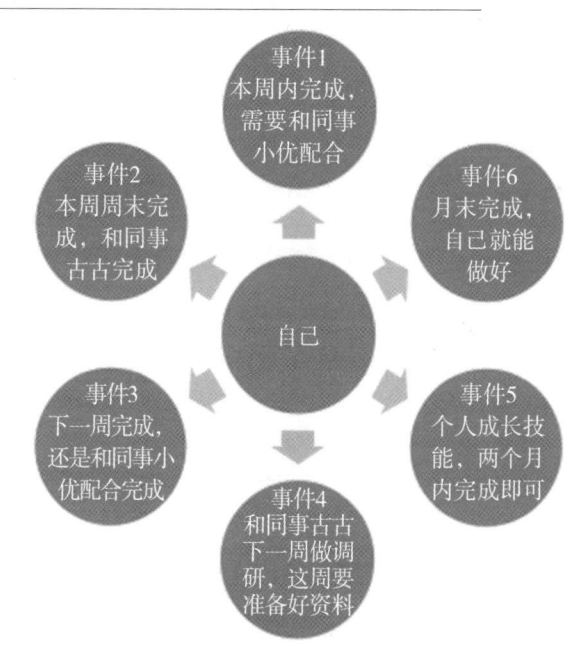

事件1
本周内完成，
需要和同事
小优配合

事件2
本周周末完
成，和同事
古古完成

事件6
月末完成，
自己就能
做好

自己

事件3
下一周完成，
还是和同事小
优配合完成

事件5
个人成长技
能，两个月
内完成即可

事件4
和同事古古
下一周做调
研，这周要
准备好资料

上代表自己的头像，头像的周围画出六个分支，每条分支分别标上代表六件事的数码，在不同的分支记录上与此事相关的重要细节，如这件事需要完成的时间、需要准备的材料、需要和哪一位同事共同配合完成，等等。

事件与思维导图结合起来后，每一件事都能变得具体清晰。如果还能发现事件间的联系，便能实现协同工作。

完成计划后，建议把它做成两张表格图片，一张贴在显眼的位置上，另一张留作备用对比，时刻提醒自己，随时在表上标注计划的执行进度，不断重复，检查修正。根据计划表上的时间，将记录的图片和备用的图片进行比较，你会发现如今的自己与刚做计划的时候已经有了更大的进步。

注意要点　Points for attention

* 六点优先原则是要根据事件分配时间，而不是分割时间安排事项，同时要根据事件的突发性特点保持计划的灵活性、协调性和可控性。实践出真知，多多练习定能学会计划的灵活调动。

工具 20：吞青蛙法

管理工具　Management tool

什么是青蛙？青蛙是指那些最棘手、最麻烦却也是最重要的事情。"吞"代表我们解决那些困难事情的方式。吞青蛙是一种形象的说法,是解决掉那些看起来难以达成,容易让人产生畏难情绪而导致任务被拖延的事情。如果这些"青蛙"放着不处理,先去处理那些简单的任务,那么"青蛙"就会越聚越多,在我们身边一直"呱呱"叫,让人心情烦躁,更难以专注投入工作中。所以,当"青蛙"出现的时候,不要盯着它看太久,马上"吞"掉它!

适用场景 Applicable scene

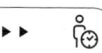

★ 需要处理的事情是自己不太喜欢做的
★ 想快速完成一项工作,但因为惰性迟迟没有开始

如何使用 How to use

Tip1:找"青蛙"

可以从每天、每周、每月甚至每年中找出一些必须要攻克的问题并列举出来,找出其中最重要的3件事情,这就是我们要吞掉的"青蛙"。

Tip2:先吞那只最"丑"的

即使是同一天,也可能会同时出现好几只"青蛙",但不意味着这三只"青蛙"同等重要,我们可以先吃掉那只"最大最丑"的,也就是说要从最困难的事情入手。如果这件事情能顺利解决,解决后面的麻烦时就会信心倍增,有助于把所有问题都解决掉。

Tip3:在高效时间干掉它

原则上是将"青蛙"越早吞掉越好,但还是要具体情况具体分析,我们最好在自己工作效率最高的时间段去对付那些

"青蛙"。比如，当天的上午，需要紧急处理的琐事较多，那么此时吞"青蛙"显然不合适，还是吞那些"小蝌蚪"最好，如果当天下午有一段比较固定的时间，而且此时工作状态比较好，注意力集中，此时吞"青蛙"效果会很好。

Tip4："青蛙"太大？先切分

如果碰到了特别棘手的事情，很可能一下子解决不完。这时候也不要太焦虑，可以先把这只"青蛙"切分一下，也就是把大任务分解成一个个小任务，每次只需要罗列当天可以完成的那一部分就可以了。

注意要点 Points for attention

* "青蛙"要一口一口地吃，一步一个脚印，每次只处理力所能及的部分，有了大方向之后，每次行动时专注地缓慢向着目标推进。

* 吞"青蛙"法并非适用于每一个人。如果你从事的是一些重复性的工作，也没有特别突出的重要的事情，那这个方法就不适合，可以试试本书其他的时间管理方法。

工具 21：剥洋葱法

管理工具 Management tool

剥洋葱法，顾名思义就是将目标像剥洋葱一样，一层一层地剥开。剥洋葱法主要是拆分目标、做计划的时间管理法，它对那些有目标却没有行动力的人来说是一个很好的解决方式。

完成分解后的小目标通常不会占用执行者大量的时间和精力，只要按部就班坚持长期执行，就能大概率实现最终目标。

适用场景　Applicable scene ▶▶

★ 对问题的解决方案毫无头绪时

如何使用　How to use ▶▶

Tip1：个人目标

根据自身情况制订目标，目标一定要是可以实现的。将目标进一步分解成一个个更小的目标，直至分解到最后一步。如看一本书，先看这本书有多少页，假如有200页，我预备在一周看完，那我每天就要看28页。又或者我准备这一年写100篇文章，一年12个月，我每个月写8篇，那每周就要写2篇。

Tip2：团队目标

公司目标如何拆解到部门和个人？

路径应该是先把目标拆解到业务，再根据业务拆解到部门，再从部门拆解到团队，最后从团队拆解到个人，并且要确保拆解下来的目标是具体可执行的。

当然，我们还可以从不同维度进行纵向或横向剥洋葱，举例如下：

1.按时间拆分。如将战略目标拆分为近期、中期和远期目标，将年度目标拆分为季度和月度目标。

2.按系统/模块拆分。如将一个大系统的目标拆分为各个子模块的目标，将公司技术平台建设目标拆分为前台、中台和后台建设目标。

3.按组织/实体拆分。如按照市场、销售、产品、研发、测试和技术支持等不同职能部门进行拆分。

4.按照部门层级拆分。从公司目标逐层拆分为一级部门、二级部门、三级部门,最后到小团队中每个人的目标。

注意要点　Points for attention

* 剥洋葱时间管理法讲究执行目标的可持续性,一颗完整的"洋葱",实际上就是一幅详细的目标行动计划。计划完成后,我们剩下要做的就是一步一个脚印地去完成它。

* 剥洋葱法分解得到的最小单元的目标,通常是不需要花费大量时间和精力的,如果被迫终止,别气馁,坚持第二天继续完成执行目标,不影响实现终极目标。

工具22:有效计划法

管理工具　Management tool

"有效计划法"是省时的好工具,也是时间管理的有效工具。真正有效的计划是颇为费心费力的,需要经历一个缜密思考的过程。有效计划通常包含两个关键点,关系着计划能否顺利执行。第一个关键点是知道计划有什么作用,只有深刻理解了它的作用,我们才有充分实现并落实它的动力。第二个关键点是具体计划应该由一系列的步骤组成,层层递进,明确实现各种目标的步骤和程序。

适用场景 | Applicable scene

★ 对于一个问题，需要一系列备选的解决方案时

如何使用 | How to use

Tip1：写出目标（如何设定目标可以参看时间管理技巧工具15：SMART法则确定目标）。

Tip2：写出达到这个目标的好处。一个好的计划一定要有清楚的目标，能够描述成功的状态或者说成功的标准，以及KPI（关键绩效指标），才能知道自己做得好还是不好，而不是凭感觉。

Tip3：列出可能出现的障碍。

Tip4：列出达到目标所需要的知识、人际关系等。所有的计划都要基于对目标群体和主要利益相关者的洞察来设计，真正做到有的放矢。

Tip5：列出可以获得的帮助。

Tip6：拟订行动计划。

注意要点 | Points for attention

＊制订了有效且可行的计划，如果还拯救不了拖延症的话，就要考虑是心理上的问题，也就是说还没把自己逼到绝境。如果你有一个非做不可的事情时，先做再说，让自己先动起来，边做事情边计划。

工具 23：捕捉装置

管理工具　Management tool ▶▶

捕捉装置是无论任何时候都能用来记录事情、想法、任务或者通知的方式。启动这个装置的可以是一张简单的A4纸，也可以是精美的便利贴以及随时可以找到的一支笔。只要是你认为需要记录下来的事情，你就完全可以将它记录下来。我们的大脑比起记忆更加擅长思考，捕捉装置的目的就是用文字的方式腾空大脑。善记笔记的能力，可以让我们避免遗忘时间或者是新的待办事项。

适用场景　Applicable scene ▶▶

★ 时间紧，任务重且多时
★ 常常因小事情干扰而无法专心完成主要任务时

如何使用　How to use ▶▶

Tip1：随时在自己的口袋里装几张4×6尺寸的卡片和一支笔。

Tip2：当忙得不可开交或者有意外事件来临时，先别着急做出反应，而是先冷静，把它们都写在A4纸上。如果事件紧急且重要，那就立即解决它，如果是并不紧急的小事，考虑先忙完手头上的事情再处理。为了避免遗忘这件小事，你可以先将它记录下来，等待有富余的时间时再解决。

Tip3：当闲下来时，把这些信息誊到更精细的储存信息的系统中。

注意要点　Points for attention ▶▶

＊防止记录小事件的设备丢失，一旦依赖纸张记录，那么就需要保护有记录的纸张，假设是用电脑文件方式记录，就要保护好电脑，防止记录文件丢失。

＊要定期清理记录的内容，每天记录的事件数量有时会超出想象，一旦出现这样的情况，就要对小事件进行筛选，挑选出那些紧急且重要的事件优先执行。

工具 24：写出你的目标

管理工具　Management tool ▶▶

写下目标是给人生做减法的管理方式。无论是工作还是生活，要想取得好的成果，就需要不断在目标管理中进行筛选，直到找到那个最重要的一件事或是几件事。这样有助于缩小目标管理的范围，将自己的时间和精力聚焦在最重要的事情上。

适用场景　Applicable scene ▶▶

★需要深入探讨某个问题，为目前具备雏形的想法加入实质性内容时

如何使用　How to use

Tip1：扪心自问

如果你现在对未来规划不清晰，没有方向和目标，那么请尝试询问自己几个问题：

我今后要过什么样的生活？

我想要从事什么的职业？

为了我的职业目标现在要做什么？

今年计划的目标实现到了什么程度？

为了实现年目标，我这个月要做哪些事情？

为了实现月计划，我这周要做什么？

……

请一直往下分析，直到明白你今天的这个时间应该为了实现目标而做些什么。

Tip2：找到目标中的关键

通过这样的自我提问，了解自己想要过什么样的生活。每个人在不同的成长阶段，目标不同，工作和生活的不同范畴，目标也会不一样。如果学会提问，勇敢地写下目标，找到目标中的那个"关键"，那就等于找到了所有目标中的那根杠杆，当这个杠杆被你撬动时，其他的人生目标也会被循序渐进地完成。

注意要点　Points for attention

* 写下目标时需要诚实地面对自己，比如，选择职业目标时，不需要考虑热爱的职业是否受人敬仰，是否让人光鲜艳丽，职业目标应该只需要自己认可且热爱。

* 当你完成了一个目标，就可以在纸上对照着看，然后把它放入记录本的另外一个地方。已经完成的目标会带给你巨大的动力，快速浏览它们会让你有信心完成更多的目标。但是在那之前，得先把目标写下来才行！

工具 25：分支法

管理工具 Management tool ▶▶

我们记不住所有的事，有时候不是因为事情太多太杂，而是没有做好分类整理。将把我们的大脑看成一个衣柜，把各种事项看成衣服，将四季的衣服都堆在一起，与将他们按季节不同分类存放在不同的隔断里相比，差别显而易见，后者将会让我们更加清晰明了，不至于在换季的时候手忙脚乱地翻找。分支法就是这样将大脑分门别类进行提前设置的方法。

适用场景 Applicable scene ▶▶

★ 多项工作同时进行，工作节奏被打乱时
★ 无法将所有工作进行系统化分类时

如何使用 How to use ▶▶

分支法就是这样一个系统。有了它，你要定期检查你的组织系统。检查的时候注意这几件事情：

Tip1：有没有哪些类别里面包含了太多东西？如果有，可以试着把它分成小的类别。比如，写文案可以标记为"文字"，做报表可以标记为"数据"，以此类推。

Tip2：需要经常检查（待办事项、日历、文件），有没有哪些类别没有用过？把它归入一个相关的类，以后再遇到类似的工作时，先不忙着去做，先思考下它能否对应到头脑中的印象标签中，对应好以后，再开始处理。

Tip3：有没有可以建立的新类别？如果你有新的工作，你可以建立一些以前没有的类别。单独分开它们，避免跟已有的系统混在一起。

注意要点 Points for attention

＊人们的生活在变，信息的种类和设定的目标也会随之变化。与其寻找"完美的"系统，不如建立一个能随时适应新变化的系统。有了分支法这样一个系统，就可以让我们大脑中之前随意的使用习惯标准化固定下来，久而久之就形成了一种反应机制，使我们自然而然地为即将展开的工作进行分类、分支。就像一棵大树的树枝，自上而下，层层铺展，最终枝繁叶茂。

工具 26：通信记录

管理工具 Management tool

你是否留意过自己的通信记录？或者说你有没有把通信记

录当作一种时间管理工具？整理你联系的每个人或组织的名片和所有通信记录（电话、邮件等），包括联系人姓名、工作职务、联系方式、日期时间和通信内容，并随时保持联系，及时推进关系和事项进展尤为重要，特别是销售和售后服务人员更应重视。

适用场景 Applicable scene ▶▶

★沟通中需要保留更多工作信息及任务记录时

如何使用 How to use ▶▶

Tip1：整理通信信息

1. 通信交代的工作事项，一定都是紧急事项，否则各项工作已经在计划内，就没必要再进行通话联络。

2. 通信联络的事项优先做，如果确实日程太满安排不开，则需要将日程进行统筹排序，视完成时间将通信联络事项及计划事项协调安排。

3. 最后，为通信联络事项做一个全面复盘，以便不落下重要事项。

Tip2：建立通信台账，让信息更完备

对于每天需要电话联络的工作来说，如电话客服、热线专员、招聘经理等，日常关键工作和通信联络密不可分，这时，通信台账就凸显了它的重要性。

新建一个表格文档，按照通信时间，对象沟通的主要内容、沟通结果、随访时间等信息进行分别记录，每次沟通的

重点就一下子清晰明了起来，下次再去沟通的时候，就可以先点开通信记录，查看上次的沟通重点，从而找到本次沟通的侧重点。

注意要点 Points for attention

* 通信记录是我们每个人都可以经常使用的工具方法，只要从之前完全散漫的状态下，回到这种有目标、有计划的记录状态中，我们就能发现这种方法的便捷之处。

* 从无意识的行为慢慢培养成有意识的习惯，我们就会收获一种方法，从而高效解决我们的思维混乱。

工具27：警惕"窄化效应"

管理工具 Management tool

"窄化效应"指的是，人因为只关注了某一时刻某一点的偏好，而导致原来的偏好（并非喜好，而是做某一决策时的偏向）出现了问题。这就好像在一条笔直的马路上，因为某一段道路突然变窄收缩，使得经过此段的车流量随之收缩，但过了这一段后，一切又恢复了正常。

"窄化效应"发生时，人的注意力只集中在一点，如果站在更长的时间角度和更广的空间视野来看这件事，那么人的注意其实是分散的、不专注的。一旦我们把时间和精力消耗在某些无关紧要的事情上，就无法专注于当下的目标，所以我们要时刻警惕自己陷入"窄化效应"而不自知。

适用场景 Applicable scene

★ 沉浸于无关紧要的小事，偏离目标方向时

★ 讨论某个问题可能的解决方案，产生的答案总是缺乏想象力时

如何使用 How to use

Tip1：制订目标清晰而具体

做任何事情之前，一定要有清晰而具体的目标。目标定好了之后，不要随意更改，对于突发的状况，如果与预定任务无关，最好不要在上面浪费时间；如果确实需要处理，可以交给负责的人去处理。

Tip2：用图像法看清问题的本质

可以利用图像法来帮助自己看清问题的本质。方法是：准备一张白纸，先在纸的上方画一条横线，然后在横线中点处向下画一条竖线，这样就将纸分成了3部分。然后在纸的上方空白处写上自己的目标，左边空白处写上自己所遇到的问题，右边空白处则针对左边列出的问题进行一一细化，然后划去你认为能够解决或者不重要的问题，剩下的就是需要重点花时间和精力去解决的问题。

注意要点 Points for attention

＊适度的窄化，有利于我们集中注意力，让我们专注于正

在处理和解决中的事情，但过度的窄化，会让我们失去对真实世界的客观认识，不愿革新观念，出现认知失调等状况。

* 当意识到自己处于过度窄化的过程中时，我们就要学会与偏颇的执念和解，及时按下"暂停键"，及时跳出，妥善排解内心的情绪困扰。

给意志力充充电

第3章
CHAPTER 3

工具 28：习惯现在就做

> 管理工具　　Management tool ▶▶

石油大王洛克菲勒说："行动决定一切，如果没有行动，最后什么都不会发生，我们无论如何也买不到万无一失的保险，但是可以下定决心去施行我们的计划。"现在就做，就是想做某事时立刻付诸行动，它是一种新习惯的培养，更是一种执行力的体现。

> 适用场景　　Applicable scene ▶▶

★状态懒惰，所做之事迟迟没有进展时

> 如何使用　　How to use ▶▶

Tip1：现在就做

计划很重要，但它不能完成任何有用的工作。把工作完成的唯一方法就是现在就去做。专注当下能帮你远离一些不能被改变的事情。

学习游泳最好的方式是直接进入水中练习，即使计划不完善也先开始行动，在行动中调整。天时地利人和万事俱备固然能无往不胜，但是遇到这样完美条件的概率很低，现实往往是采取行动之后才有可能遇到天时地利。

Tip2：找到行动力不足的原因

推销员不想上门拜访客户，可能不是因为奖励不高没有动力,而是因为他害羞,见到陌生人内心紧张说不出话,又或者是畏难的心理让他退缩。针对这个情况,销售公司可以先给他做脱敏训练,克服好这个困难,拜访客户也就变成一件没那么困难的事情了。

因此,提升行动力,首先要研究行动力下降背后的原因,有针对性地找一些适合驱动自己的方式,并且提前做功课,把那些方法应用在不同的场景当中,这是实现突破的最好方法。

注意要点 Points for attention ▶▶

* 人的行动力和意志力有关,对于内心抗拒的事情,我们可以依靠意志力完成它。但不幸的是,意志力是有限的,当它被消耗殆尽时,行动力就开始变得迟缓。根据此规律,做任何事都不要猛打猛冲,循序渐进更有利于保持行动力。

工具29:压力管理曲线

管理工具 Management tool ▶▶

从心理学的角度来看,压力会使个体感受到某种状况超出其可以应对的能力范围,从而产生焦虑的心理体验。人们常把压力比喻成弓,如果弓没有被拉开,箭就没有被射出去的可能。但弓的张力是有限的,如果弓被过度拉开,显而易见弓就会被损坏。如果不想让其断裂,就要限制对弓的拉力。

压力并不是绝对的消极因素。相关的研究表明,人承受的压力与行动力之间存在一定规律，掌握压力规律实施有效的压力管理，可以有效地增强自身的行动力。

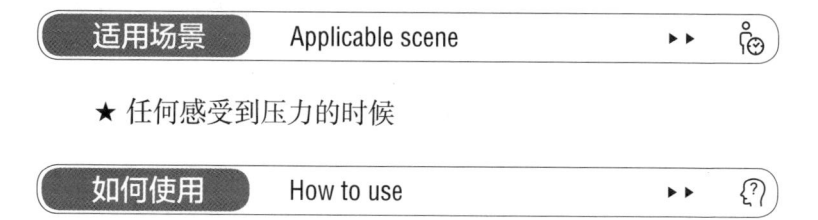

适用场景 Applicable scene ▶▶

★ 任何感受到压力的时候

如何使用 How to use ▶▶

Tips:压力产生的心理焦虑随着压力的加重而变化。

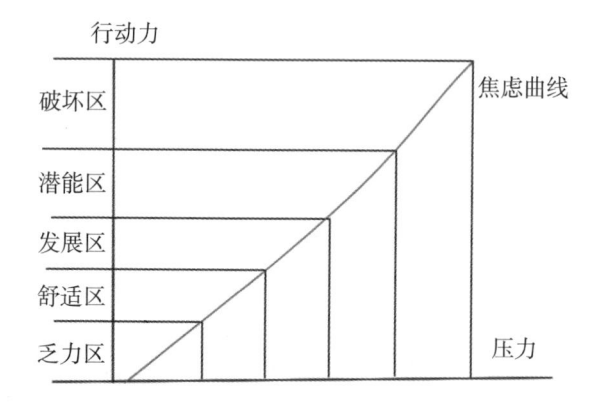

```
行动力
破坏区
潜能区
发展区        焦虑曲线
舒适区
乏力区        压力
```

根据上图可知，心理学家将压力按大小不同分为五个区域，人们处于不同的压力区域将呈现出不同的特征。

乏力区：当处于这一阶段时，人会感到不知道要为什么而努力，具体表现为行动迟缓，好吃懒做，处于迷茫、无助的状态。

舒适区：此时人们会感到有压力，但仍处于能轻松应对的状态，这个阶段的人感觉比较放松，一般没有太大的改变欲望，不愿意付出努力，并且希望长期如此。

发展区：此时压力明显，人无论是为了"追求快乐"还是"逃离痛苦",为了维持舒适区的快乐,快速获得尊重、安全、认同等其他正向的反馈,行动力都会得到快速提升。所以这一区域被认为是最有效的进步区域。

潜能区:压力持续增大,人已经无法轻松应对这些压力,这时候是调动潜能的好时机,世界潜能大师博恩·崔西曾说:"人的潜能是现实能量的3万倍以上。"因此潜能一旦被激发,人人都有可能呈现出令人不可思议的行动力。开发潜能的最终目的是将不可估量的潜在能量,补充加强到现实的、理性的、可计划的发展区。

破坏区:当压力过高,焦虑超过了人的承受能力,这时候他会感到绝望,行动力遭到破坏,放弃发展潜能。更有甚者会出现身体疾病,精神失常等。

因个体差异,每个人的压力曲线临界点均不一致。可以通过目标测试、压力测试等手段,学着画出自己压力曲线,以便做出针对性的管理,不断将发展区改造为新的舒适区,通过学习培训将潜能区变为新的发展区。

注意要点　Points for attention ▶▶

压力管理曲线反映了人面对不同压力的表现,我们可以根据自己的表现,设计对应的解决方案,不断尝试借助对潜能的开发,突破旧的临界点,不断增长能力,从而创造个人价值。理想的状态是将压力控制在舒适区、潜能区和发展区。一旦处于破坏区,人就会处于行动迟缓的状态。

工具30：GTD法则

> 管理工具　Management tool　▶▶

GDT工作法来自畅销书 *Getting Things Done*，译为"把事情做完"。它的核心概念是"必须记录下来要做的事情，接着整理安排并执行"，它的核心原则包括：收集、整理、组织、回顾、执行。实行这一时间管理方法最重要的就是清空大脑，一步一步按照设定的路线执行。

GTD认为人不安的最大来源不是事情太多，而是很多事情该做而没有做，从而导致人面对某一件事的结果，发出"我本应该可以，但却没有"的遗憾声音。根据GDT的理念，只有将你心中所想的事情都写下来，并安排好执行计划，才能够心无挂碍，全力以赴地做好眼前的工作。

> 适用场景　Applicable scene　▶▶

★ 总是有事萦绕心头，事情长时间悬而未决的时候

> 如何使用　How to use　▶▶

GTD时间管理主要是抓住两点，一是清空大脑内存，二是把记下的项目变成具体行动。具体的操作步骤如下：

Tip1：**记录**。将所有未尽的事宜都记录到可以保存的工具上，可以是纸张也可以是电脑文件等。

Tip2：**整理**。分清哪些事项是可以现在完成的，哪些是需

要放弃的，定期清理记录下的事件。

　　Tip3：组织。确认下一步行动的事项清单、等待清单和某天清单。行动清单是指某事项下一步具体要做的事，等待清单是指那些可以委托他人代办的事项，某天清单是用来记录事项的延迟处理，如暂时没有完成事项的具体日期。安排好这三类事项后，你需要做的是具体执行行动清单。

　　Tip4：回顾。每周对清单进行增加或者删减，及时更新能保证GTD系统正常运转，以便我们紧接着继续安排下一周的工作计划。

　　Tip5：执行。你可以按照清单行动，安排任务时可根据事项所需要的时间、个人精力、所处的环境选择具体的辅助工具，对某些重要事项可用手机设置提醒。

注意要点　Points for attention

　　* 事项繁多时，我们需要的是记录，因为大脑的主要工作是思考而不是记录。养成借助其他工具记录的习惯能更好地帮助大家解放大脑的记忆空间，我们也可以根据习惯进行分组管理。

　　* 即使做好了计划分组，也会被突如其来的情况为难，比如，下班后本想研究领导新布置的任务，但是遇到孩子要求陪伴玩耍，就重新陷入了两难的选择。这时可以将此类事件列入等待清单，请求伴侣先陪伴孩子，完成任务后再自己陪孩子。

　　* 计划任务需要执行但不必死板，按照计划清单完成任务即可，不必纠结是否是由自己单独完成。

工具 31：理想自我练习

管理工具 — Management tool

没有任何一本书、一套练习或是一个顾问，能像你自己的信念体系和对成功的追求那样影响你的未来，你的行为取决于你的信念。理想中的自我就是个体期待自己成为的样子，通俗地说就是我希望自己是一个什么样的人，假设我希望自己是一个有行动力的人，那么我将在日常生活中不拖延，想到的事情就要做到，体现出追求结果的特点。理想自我练习，可以使个体通过完成一些力所能及的事情不断进行自我肯定，逐渐达到个体追求的理想中的自己。

适用场景 — Applicable scene

★ 不了解实际中的自我，自卑迷茫的时候

如何使用 — How to use

Tip1：利用小事锻炼自己的意志力

高尔基曾经说过："哪怕是对自己进行一点小小的克制，也会使人变得刚强有力。"生活中的小事俯拾皆是，以集体宿舍生活为例，保持卫生、便后冲水、别人休息的时候不大声喧闹、随手关门等有素质的行为都有助于锻炼意志力。稍微克服自己的弱点，坚持做好生活小事，是意志力的体现。

Tip2：完成一些力所能及但又相对有难度的事

生活的小事过于简单，大家小时候就已经形成良好的生活习惯，无法使人产生克服困难的的成就感，就无法起到锻炼意志力的作用。太过困难则容易失败，反而打击自信心。比如，平时不爱运动的人突然要去健身房做负重训练，这对于他来说是一件难事，但到楼下散步半小时，对他而言则相对简单。

Tip3：根据自身的意志品质特点锻炼

不同的人意志品质不同，有些人有耐心坐几小时完成复杂繁重的任务，但如果天天坚持跑3000米，则无法完成，有些人15分钟能完成的事情，他往往拖沓一整天。所以，培养意志品质要根据自身的特点。有些人有耐心和毅力完成琐碎困难的任务，有的人有力量完成耗费体力的任务。不同的人要有针对性地采取不同的自我锻炼方式，这样才更容易成功。

注意要点 Points for attention ▶▶

＊头脑中常常想象一个理想的自我，比如，我正在坚持积极的自我鼓励，采用积极的对话方式，常常对自己说我可以。事实上，我们常常默默进行内心的对话，听到内心消极的语言，将导致我们产生较差的自我形象。主动地控制和掌握自我对话，不断地重复积极对话，有助于我们树立积极阳光的自我形象。

工具 32：冥想式运动

管理工具　Management tool　▶▶

　　冥想和时间管理都是对自我的修养和锻炼。冥想式运动是一种以冥想为特征的运动方式，它是一种新运动形式，鼓励参与者注重"当下"，不过多地臆想制造本就不会出现的问题，这种运动方式目的在于帮助冥想者释放压力，提高生活幸福感。

适用场景　Applicable scene　▶▶

★ 焦虑烦躁的时候

如何使用　How to use　▶▶

　　冥想其实并不神秘，和学习其他的技能一样，它也需要一定的领悟能力，但多加练习就能有收获。目前有几种流行的冥想方式，它们分别为：

　　Tip1：**正念冥想**。它起源于佛教，适合在家独立练习，不需要借助工具，最好是练习环境保持安静，也可寻找老师帮助练习，它的特点是冥想的时候专注于自己的想法，释放想法自由，不评判对错，也不深陷其中，通过练习将注意力与内心的想法联系在一起。冥想的过程中关注呼吸、思想、感受和情绪，我们的专注力会在这样的练习中得到提高。

　　Tip2：**精神冥想**。需要借助一些工具，如乳香、雪松等，在家或者在宗教场所都可练习。它常常被用在宗教中，因为它与祈祷有些相似之处，都是通过感受探索宁静，与上帝或者宇宙产生更深的联系。

Tip3：专注冥想。它的做法很简单，甚至不需要借助任何工具，试着充分调动你的专注力，每次只专注一个点。你可以专注于你的呼吸，感受一呼一吸之间身体的改变。这类练习可以强化专注力，使你慢慢获得更多的宁静。

Tip4：渐进式冥想。通过对身体的不同部位做循环的动作，一次缓慢收紧或放松，一松一紧放松身体的肌肉群，比较适合缓解压力或作为睡前的放松仪式。

Tip5：爱意冥想。是指多向身边的同学朋友亲人发送祝福，通过这样的方式表达自己的友爱和接纳他人的心意。当你感受到紧张或者不满的时候，向他人表达爱意的同时，自己也能收获满足。

以上的这些都是冥想运动，最简单的开始方法是坐在一个安静的环境里，专注于呼吸，从5分钟开始练习，调整内心的混乱，享受宁静。冥想运动不仅有利于精神放松，还有利于身体健康，这些好处是坚持日常冥想练习的人才能收获的。

注意要点　Points for attention

冥想运动讲究坚持和舒适，冥想者在找到合适的冥想练习之前需要尝试不同的冥想练习，反复对比，需要练习者坚持持续地、愉快地尽可能去开放接纳不同的练习方式，主动学习和接触。

工具 33：感激日记

管理工具 / Management tool

感激日记是记录生活中美好的一种日常笔记。心理学家认为感激日记是一个能让大家积累正能量的方式，通过写日记的方式记录生活中美好的体验，例如，孩子的微笑、充满阳光的一天和身体健康等，消除我们内心消极的想法和担忧。当我们感受到压力时，可以花几分钟时间浏览笔记，提醒自己什么才是真正重要的。

适用场景 / Applicable scene

★ 对完成任务没信心，无助迷茫的时候

如何使用 / How to use

Tip1：感激日记属于一种微习惯，刚开始培养时，只要坚持每天写一条，无须追求数量的多少，只要坚持每天写即可。

Tip2：回想生活中开心的事情，写的时候关注当时发生这些美好事情时的情绪和画面。积极心理学表明，在大脑中反复重温幸福、温暖的事件可以有效地缓解压力，治愈由焦虑造成的心理伤害。

分享一个网友的故事，她是感激日记的受益者。

网友小林，工作不顺，事业受阻，无助的情绪经常涌上心头，失眠熬夜是常有的事情。那时候的小林不是在后悔过去就是在焦虑未来，她常常怪自己没生在一个好时代，也时常无故责备身边的人，每天都处于巨大的精神压力之下，身体亮起了红灯。

就像有人说的，一旦失去希望，人生就会止步不前，感激日记最大的魅力就是让那些失去动力的人再次扬起生命的风帆。小林接纳了朋友的建议，每天写下三件值得高兴的小事：

"谢谢那些坚持剪辑欢乐的网络视频的人，每次刷到那些视频都很开心。""妈妈今天摸了我的头，虽有点不好意思，但是我感到很温暖，有种回到童年的感觉。""谢谢那位给我付了打车费的女孩，有幸相遇，给予温暖。"

刚开始写的时候，小林总要想一想才能下笔，那时候更像是一种任务，坚持一周后便养成了习惯，自从记录感激日记后，她更加能在平时生活中发现值得感恩的人事物，现在情绪变得更加的平和，碰到不开心的事情虽然也会难受，但是不会再长期陷入悲观的状态之中了。

以前学习和工作的繁杂事务总是让她感觉一团糟，现在她懂得了平和的力量，凡事不纠结，不执着，再大的困难总有解决的办法。

注意要点　Points for attention

* 心智模式是一种稳定的人格特征，感激日记是一种塑造积极心智行为的好习惯。它能帮助人们在遇到挫折和挑战时，自然而然地以理性的眼光和积极解决问题的态度去面对。

＊记录感激日记时，请每天尽量写不同的事，可以感谢的是同一个对象，但是感谢的事情应避免重复。

工具 34：同理心练习

管理工具　Management tool

同理心是对他人的情绪状态、处境进行理解和预期，而在情感上有所共鸣，并且还能积极回应别人情绪的一种能力。日常生活常说的"将心比心"可视为同理心的范畴。拥有同理心的人，在人际交往中会表现为能够体会他人的情绪和想法，理解他人的立场和感受，常常能站在他人的角度思考和处理问题。因此，同理心是建立良好沟通，获得他人好感和信任的桥梁。

适用场景　Applicable scene

★ 任何人际交往的场景

如何使用　How to use

Tip1：善于倾听。同理心并非天生，而是后天习得的。一个善于沟通的人，他首先是一个好的听众，与人沟通时，最好是掌握三七比例，就是70%的倾听，30%的表达。交流的过程中，要与对方有目光接触，身体微微前倾，以表示自己在认真听对方讲话。

Tip2：肯定对方的行为。大多数人在表达的时候，其实更多是想获得倾听人的肯定，而不是质疑和建议，在对方表达出自己的看法时，倾听者可以明确地对部分内容表示同意，表达理解和肯定即可，无须过度赞美。

Tip3：换位思考。在倾听的过程中，尝试设身处地站在对方的角度思考，也是代入对方的事件情景中思考："如果是我遇到这样的事情会是什么反应，我能有他那么淡定吗？还是我其实并不会那么慌乱？"日常多进行这样的换位思考，渐渐地就能明白说话人的所思所感。

注意要点　Points for attention

* 同理心可以习得，但如果你不能真正地感受他人的处境，却非要假装理解，其实很容易被人看出来。所以遇到此类情景，做到倾听即可，礼貌性地回应，千万不可随意否定他人的感受和见解。

* 任何事情一旦过度，就会发生质的改变，过分在意他人的看法和处境，对事物的判断失去基本的原则，会导致自己做事失去理智而处于左右为难的状态。

* 不要与他人争论对错，每个人的经历不同，同一事件由不同的人经历会有不同的感受，这其实属于正常的现象，千万不可强行让别人对自己感同身受。

工具 35：愉快行为发现练习

管理工具 Management tool ▶▶

愉快行为发现练习，指的是发现自己做什么行为能感到快乐。一旦发现做某件事感到愉快时，就记录下来，这其实是提高自己生命质量的秘诀。通常来说，愉快的来源包括正面情绪、专注力、意义、成就，那么我们可以尝试从这几个方面去获取快乐。

适用场景 Applicable scene ▶▶

★ 陷入自我否定，缺乏前行的动力时

如何使用 How to use ▶▶

Tip1：正面情绪

正面情绪是指人由感官所获得的快乐，比如，炎热的夏季，在家吹空调吃西瓜。这种愉悦感具有短暂性和适应性的特点，因为吃的东西不可永远唇齿留香，所以，如果现在想不断在这方面获得更多的愉悦感，就需要不断地探索并重复。探索并辨别哪些行为能让我们的感官感到愉快，继而重复即可。

Tip2：专注力

当你做某件事全身心投入，乃至感觉知觉都大幅减弱甚至消失，这时候的状态被称为心流，每个人在专注做自己爱好的事情时都可以感受到这种状态。可以记住自己在做某件事的时候达到这种状态,那么正在做的事情就是一件令你感到愉悦享受的事情。

Tip3:意义

每个人的人生其实都是有意义的,有的人觉得终身追求科学真理有意义,而有的人觉得追求财富自由是人生的意义。意义没有高低之分,不依赖人当下的状态,比如,追求财富的人,哪怕现在穷困潦倒,只要他每天积极努力工作,认真钻研致富之路,他就能得到快乐。

Tip4:成就

成就是指完成一件事情,也可以是做某事达到某种标准。和专注不同,成就的快乐带有追求结果的特点,且具有阶段性和递进性的特点,成功追求到了一个阶段,紧接着就会追求下一个阶段,而要把时间放在哪一件事情上,则需要自己发现并记录。

愉悦是人类精神和心灵感到满足的表现,它具有复合性,人生的愉悦也不会只来源于某一项行为,需要大家习得并养成习惯。

注意要点 Points for attention ▶▶

* 人类的大脑对愉快的行为练习产生的愉悦感会有一定的适应性,理论上来说,同一个行为不会一直产生快乐,需要不断地刺激练习,寻找新的行为才能一直产生多巴胺。

工具 36：晨礼

管理工具 Management tool

晨礼是指一天早起后进行的仪式，是你醒来后30到60分钟内，持续不断的一系列活动。冥想、运动、阅读、写作都可以作为醒后的活动，重要的不是在早起后一小时内做很多事，而是做出更多改变——提升思想，改善身体和精神状态。因此，用醒后的第一小时进行"晨礼"，你将以不一样的状态来迎接新的一天！

适用场景 Applicable scene

★ 早起无精打采的时候
★ 生活作息不规律想建立新的作息秩序时

如何使用 How to use

晨礼有多种仪式，下面给大家介绍常见的四种。

Tip1：瑜伽式晨礼

瑜伽晨礼的方式各式各样，如果一天能从感恩仪式开始，则是再好不过的了。

练习方法：早晨起床，坐在任何能坐的地方，重新闭上眼睛，在心里列出一些需要感谢的事情，你可以选择感谢你认为值得感谢的事情，直到你认为需要停止时，再缓慢地睁开双眼，让你的双脚踩在地板上，带着感激之情度过今天。

Tip2：安静地深呼吸

在安静不被打扰的地方，身体放松，闭上双眼，缓慢呼吸，把专注力放在自己的一呼一吸之间，如果这个过程被别的思绪打乱，别着急气馁，也不要有压力，重新把注意力放回呼吸。不断地重复这个过程，就会慢慢进入一种平静的状态。练习初始，从每天10分钟开始。等你养成晨礼的习惯，再根据个人情况增加练习时间。

Tip3：身体运动

当你晚上失眠，早晨疲倦时，往往会产生挫败感，心里有压力，还会因大脑缺氧引起生理上的不适感。可以通过简单的身体运动唤醒人的神经系统，即使只是2到3分钟的练习也能起到练习效果，哪怕只是简单的热身动作。

Tip4：整理床铺

日常生活的步骤也可以视为晨礼，早起顺便整理床铺有助于提高生活的秩序感，干净整洁的环境也有助于提高对于工作的自信心。如果觉得只是整理床铺太过简单，晨礼也可以加上吃早餐的环节，早餐是一天的开始，不仅能提供身体能量，还能增加幸福感。

注意要点 Points for attention

＊晨礼的方式有很多，大家可以自主选择适合自己的晨礼，只要能真正对自己有益即可。如果早上出现了需要紧急处理的事情而无法完成晨礼，心理上也不要产生挫败感，一分钟的深呼吸练习也可以被视为晨礼。

＊晨礼每天只要做一项即可。此外，早晨应尽力选择不耗时且容易完成的任务，避免过度的脑力活动，阅读和看视频就比早晨开始写作容易得多。一天的晨礼从简单的活动开始。

工具 37：建立停止清单

管理工具 Management tool ▶▶

建立一个任务清单很容易，只需要把要做的事情列在里面即可。但实际上一个缺乏规划、缺少重点的任务清单比没有任务清单还要影响做事效率。如果让它们一直停留在你清单里，要么会占用你的有效时间，要么平添你的失败感和挫折感。所以，是时候给自己建立一个停止清单了。

适用场景 Applicable scene ▶▶

★ 清单任务太多，无法一一完成时
★ 任务分不清轻重缓急，导致工作完成效率低时

如何使用 How to use ▶▶

Tip1：不要将头脑风暴产生的各种灵感或偶然的想法放进你的日常清单里，可以移进停止清单，等有了成熟的计划和行动方案，再考虑列入清单里。

Tip2：请将琐碎的信息和计划暂时放进停止清单里，如"每天喝8杯水""打扫卫生"等，以免因大量低价值和低产出

的事情影响工作效率。

Tip3：不要把宏伟的意愿和计划列入每天的行动计划里，这些不是不重要，但它们不属于马上要去做的事情。可将它们放到另一天或者可能实现的条目下。也可以放入索引中，定期查看来激励自己。

Tip4：请将一些模棱两可的任务移出你的清单，如"给姗妮打电话"，电话中要说明什么事情或者要达成什么目的却没有说明，如"给姗妮打电话，询问项目的预算安排"，这样浏览清单时就能立即明白要做什么，而不是要花几分钟才能想起来。

注意要点　Points for attention

* 可以将"待办事项"清单和"停止"清单写在一起，有意识地思考什么是不太值得花时间做的事情，以及如何彻底消除它们。保持这两份清单相互平衡，这样你每天的生活也会更加平衡。

工具 38：为体能进食

管理工具　Management tool

时间管理本质上是精力管理，因为精力才是高效率工作的基础。精力管理的目的是保持生命的活力，有规律地消耗和补充精力。所以，精力管理的第一个要点就是要管理好体能。

适用场景 Applicable scene

★ 处理任务精神不集中，容易受外界干扰而无法专注工作时
★ 体能较差，工作一会儿就感觉疲惫时

如何使用 How to use

Tip1：养成定期运动的好习惯是保持体能的要点，每周至少进行3次耐力训练或有氧训练，对保持体能非常有帮助。

Tip2：体能的来源除了锻炼，就是饮食。一日三餐应按照"早吃好、中吃饱、晚吃少"的规律饮食。高糖、高热量的食物可以短时间内提高体能，但30分钟后体能会明显减弱。只有纤维高、糖分低、热量低的食物才能持续不断地释放能量，维持体能。

Tip3：间歇性休息或中午小憩一会儿是恢复体能的重要方式。网球世界冠军都非常善于利用间歇性休息来恢复体能，在一局获胜后，间歇性的休息可以有效降低自己的心率，为下一局的发挥储备能量。另外，研究发现午休片刻的效用与晚上睡眠90分钟相近，中午小憩一会儿是保持下午精力充沛的关键。

注意要点 Points for attention

* 精力管理的一个重要维度是意志力，意志力是工作成功最重要的品质。但是意志力不是自律能力，过度强调自律反而会消耗大量精力。养成良好的运动、饮食和作息习惯是培养意志力的最好方式。

工具39：按周期工作

管理工具　Management tool

如同人的情绪会出现周期性的变化一样，人的精力也会出现周期性的起伏。人在每一个小时、每一天和每一周的时间里，精力状态都在发生变化，并且有规律可循。我们最好遵循其内在的规律来安排我们的工作和休息时间。

适用场景　Applicable scene

★ 做事情三分钟热度，遇事就想放弃时

如何使用　How to use

Tip1：一小时周期

人的注意力只能保持45~90分钟，最长不超过120分钟。超过这个时间，大脑就会消极怠工。所以每工作1小时，最好主动让自己休息一下。

Tip2：一天周期

一天当中的不同时段，大脑活动的效率是不一样的，掌握其中的规律，在合适的时间安排恰当的工作，可以变得更高效。例如，早上脑神经处于高度活跃的状态，此时适合开展计划性的工作；上午人的精力充沛，大脑保持严谨且周密的思考能力，此时用来处理一些富有挑战性和创造力的工作，效率更高；下午人的精力明显减弱，工作动力下降，此时更适合处理沟通性的工作；晚上睡前1小时，大脑的记忆能力最佳，适合学习或者处理记忆性的工作。

Tip3：一周周期

高效工作者会根据自己在一周中的精力状态来安排自己一周的工作。周一对他们来说，并不是埋头工作的好时机，因为人的生物钟还没有从周末的休息状态中调节过来，这时最好做一些工作规划或分派任务等工作；周二，人的状态明显好转，工作的积极性明显提升，此时处理一些棘手的问题往往比较顺利；周三，人的精力依然充沛且思路活跃，适合开展头脑风暴或者制定战略决策；周四，人继续埋头工作的意愿明显下降，但开展一些沟通性的工作反而效果更好；周五，一周的工作即将结束，人的心态放松，心情愉快，此时不妨梳理一周的工作，将需要决断的事情迅速处理完成，这样就能轻松迎接下一周的工作了。

注意要点 Points for attention ▶▶

＊周期循环是能量管理的关键。人的身体应该按照"休息—恢复"的周期来工作。把工作看作一系列的短跑，而不是马拉松，会让你保持更加旺盛的精力。

＊给自己定一个规则，那就是无论什么事，都要有星期天（或一周的另外一天进行休息）。每晚给自己分出一些时间不去想工作的事情。把你的工作限制在一个更狭小的范围内，你就会被迫按周期来工作了。

工具40：最佳生活作息时间表

管理工具 Management tool

要掌握时间我们应当关注"效能",这是许多人实现时间规划的秘密所在。所谓效能,就是在最恰当的时间内,让自己做出最重要的选择,并且把最宝贵的时间用于最重要的事情。最好的办法就是建立一张科学的生活作息时间表,精准地规划自己每一天要做的事,并严格执行。

适用场景 Applicable scene

★ 作息时间混乱,精力涣散时
★ 因效率低下,工作占用过多生活休闲时间时

如何使用 How to use

下面是全球公认的健康生活作息时间表,对照看看,你的作息是否真的健康。

最适宜做的事	时间	理由
高效工作的最佳时间	上午10时至11时	人体的第一个黄金时段。心脏充分发挥其功能,精力充沛,不会感到疲劳

续表

最适宜做的事	时间	理由
开会、接待的最佳时间	15时至17时	人体第二个黄金时段，午饭营养吸收后会被逐渐输送到全身，工作能力开始恢复
晒太阳的最佳时间	8时至10时	日光以有益的紫外线A光束为主，可使人体产生维生素D，从而增强人体免疫力，抗疲劳并防止骨质疏松，减少动脉硬化的发病率
	16时至19时	
阅读、创作的最佳时间	20时至21时	人体进入第三黄金时段，此时记忆力最强，大脑反应异常迅速。适合做作业、阅读和创作
睡眠的最佳时间	13时开始	人体感觉的敏感度已下降，很容易入睡
	22时至23时	人的深度睡眠时间在24时至次日凌晨3时，而人在入睡后一个半小时即进入深度睡眠状态
锻炼的最佳时间	下午或接近黄昏时分为最佳	此时人的味觉、视觉、听觉等感觉最为敏感，全身协调能力最强，尤其心律与血压都比较平稳，最适宜锻炼

注意要点　Points for attention ▶▶ ◉

* 可以将作息时间表写在一张很大的纸上，贴在全家人都能看到的地方。也可以把作息表写在日志上。

* 制订生活作息计划表时，必须尽可能摆脱干扰。干扰除了由于自身意志力不坚定之外，更多来自外界。

工具41：平衡创造力

管理工具 Management tool ▶▶

知名画家、诗人、作家蒋勋说："最美好的生命，不是一个速度不断加快的生命，而是速度在加快跟缓慢之间有平衡感的生命。"

一味地求快和一味地求慢没有区别，有时候快是为了慢，慢是为了更快。工作效率高，才有可支配的时间；生活节奏慢，才能养精蓄锐。就像一首诗，必须抑扬顿挫、有节奏地朗读才能美。而我们生活的节奏，在于快和慢之间的巧妙切换，当你找到了快与慢的平衡点，探索出自己的节奏，工作和生活就可以两手抓。

适用场景 Applicable scene ▶▶

★ 生活和工作互相干扰，难以兼顾时
★ 因效率低下，工作占用过多生活休闲时间时

如何使用 How to use ▶▶

Tip1：**一次只专注做一件事**。比如，写汇报PPT时，就把手机调成静音，放在一边，全情投入，很多思路和思绪一旦被打断，要再次集中投入就没那么容易了。

Tip2：**把放松的事情留给碎片时间**。刷微博、玩手机，特别容易把时间"吃"掉，就把这些放松的事情留给坐地铁、等

车的时候吧。

Tip3：**在固定的时间段内处理同一类事项**。固定的事情在固定的时间做，久而久之，到那个时间，脑子就有自动反应机制，适用于想做又拖着没做的事。比如，把背单词安排在早餐前半小时。

Tip4：**把生活也管理进去**。平衡工作和生活的方法是，把生活也纳入时间管理，不要什么都想着"等忙完有空再说"，时间和勇气一样，都是越用越多的。

注意要点　　Points for attention

＊虽然时间管理很重要，但也不要给自己太大的压力。别忘了，做时间管理是为了让我们生活得更加从容，而不是更焦虑。所以，当发现自己没有完全跟着计划走时，也没什么大不了，放松心态最重要。

自由的弹性时间

第4章
CHAPTER 4

工具42：帕金森定律

| 管理工具 | Management tool ▶▶ |

帕金森定律源自1985年英国著名历史学家诺斯古德·帕金森出版的《帕金森定律》一书，它指的是只要还有时间，工作就会不断扩张，直到你用完所有时间。也就是说，在固定的时间里，一项工作会占用所有的时间。

帕金森定律表明，如果一个人给自己足够的时间来完成一项任务，他就会降低做事的速度和效率，花费所有的时间来完成它。在这样一个时间弹性很大的情况下，工作不仅不会更加轻松，相反，由于工作的拖延，个人会感到更加疲惫。

| 适用场景 | Applicable scene ▶▶ |

★日常工作或学习中设置固定期限的任务
★日常生活中设有固定期限的事情

| 如何使用 | How to use ▶▶ |

Tip1：合理规划时间，不放任自己随意使用自由时间

研究发现，一个人做一件事情的时候，所花费的时间是有很大差别的，比如，一本书可以在一周内看完，也可以在一个月内看完。所以说合理规划时间是很重要的，它可以极大地提高做事或工作的效率，这样就不会让个人的时间无限制地白白流逝。当然，这里暂时不考虑自身的能力问题。

Tip2：灵活变通，避免时间被无端消耗

在时间管理上，帕金森定律说明了只要时间足够充裕，你就会竭尽所能地耗完它。所以，你要问一下自己：怎么才能避免自己的时间被无端消耗掉？如果能够灵活变通，就可以避免个人的时间被浪费和消耗掉。比如，你可以根据这项任务的重要性，来决定要花多少时间完成它，如果需要一个小时就可以完成，那么你就不要计划用三个小时来完成它。

Tip3：设定最后期限，根据任务来决定要花多少时间

在开始一项任务之前，通过设定最后期限可以节省完成的时间，这样可以提高工作的完成效率。通常，领导给你一项工作，规定这项工作两天内完成就行，哪怕你知道一天就可以完成，你可能也会用完这两天。如果你给自己设定一个完成期限，这项工作就会在你规定的时间内提前完工。

注意要点　Points for attention

* 在日常工作中，如果放慢工作的节奏，个人的工作时间就会被慢慢拉长，占满所有可用的时间。所以要严格按时间计划表里规定的时间来完成既定任务。

* 人们常说"今日事，今日毕"，想要提高做事的效率，就必须保持积极的状态，充分利用每一分钟，达到事半功倍的效果。

工具 43：霍夫施塔特定律

> **管理工具**　Management tool ▶▶

霍夫施塔特定律是指，当你有一项工作或任务需要处理时，做事情所需要的时间总是会远远超出预定的时间，因为影响任务完成的因素很多，估算工期极其困难，所以在进行项目预估时必须要有一个缓冲区。

表面上看，似乎霍夫施塔特定律和帕金森定律是相矛盾的，其实，这两个定律是可以并行使用的，只需做好个人的时间管理。

> **适用场景**　Applicable scene ▶▶

★ 日常工作或学习中

> **如何使用**　How to use ▶▶

Tip1：根据工作或任务的本身价值，设定严格的最后期限

基于工作或任务本身的价值，设置一个合理的完成时间，即制定一个个人能够完成的最后期限，并在这个期限内好好利用每一分钟，以积极的态度热情地投入其中，直到在这个合理的期限内完成工作。简单来说，就是人们常说的"今日事，今日毕"，提高了做事的效率，就达到了事半功倍的效果。

Tip2：根据实际情况，制订合理的时间计划表

日常生活中，人们发现，自己浪费的时间总是比自己利用的时间要多。如果你做一件事情的时间总是会远远超出预期给

出的时间，不妨根据个人的实际情况制订一个合理的时间计划表，预计你能够在多长时间内完成它，然后严格遵守计划表的安排去执行。

Tip3：调整自身节奏，为每一件事情设置两个完成计划的时间

为了防止拖延，你最好调整一下自身节奏，做到尽量不要调整最后的截止期限，同时，为自己量身定做两套计划方案，设置两个截止期限。其一是原计划时间，其二是事情没按照原计划发展的时间，防止工作一拖再拖，计划无限延长下去。

注意要点 Points for attention

* 工作的效率可以通过时间管理和训练逐步得到提升，这就需要你有强大的控制能力，在所规定的计划时间内，做到不分心做其他事情，严格遵守时间计划。

* 很多人喜欢抱怨没有足够多的时间用，好多事情没时间做，而且每天都做了时间计划，但是却总会延缓完成，有时甚至不能如期完成。是计划不合理吗？也许不是。遇到这种情况时，你就需要反省自己，加强自己时间管理的能力。

工具44：弹性时间

管理工具 Management tool

由于时间管理活动涉及的因素多，变化大，各种矛盾错

综复杂，因此，在时间管理中要注意留有余地，保持一定的弹性，这就是时间管理的弹性原则。具体包括两个方面的内容：一是计划时不要将工作安排得太满，要留有机动时间，以防出现意外情况；二是工作时要注意劳逸结合，善于发挥精力投入的最佳区段的作用。

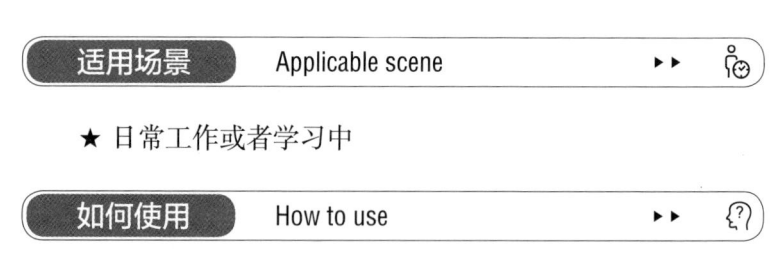

适用场景 Applicable scene ▶▶

★ 日常工作或者学习中

如何使用 How to use ▶▶

Tip1：按计划合理安排时间

首先，清楚自己在工作时间内要达到的目标，按计划在规定的时间内完成工作上的安排，做到工作上不拖延，尽量不占用个人的时间来加班，除非是特殊情况或有紧急事情需要处理。这样，个人就可以利用弹性时间来提高工作效率和工作水平。

Tip2：制订时间管理表

生活上，可以根据个人的实际情况制订一个时间管理表，比如，每周除了工作时间之外，下班后需要做哪些事情。接送孩子、学习充电、锻炼身体、周末家庭聚会，以及朋友聚餐等，都可以做个计划表，帮助个人提升生活品质，让家庭氛围更加浓厚，使个人在工作和生活上找到平衡点，以更加积极的态度面对生活、工作和未来。

Tip3：留出合理的碎片时间

现代社会的竞争比较激烈，人们还需要利用业余时间学习更多的文化知识以不断提升自己，比如，听网课、上辅导班、兼职等，以便获得更好的工作环境和生活质量，这些也需要留出一些合理的碎片时间来安排。即使没有这些额外的事情，也可以给自己的生活放个小假，轻松一下，从而更好地迎接第二天的工作和生活。

注意要点　Points for attention

＊日常生活中，为了让个人在时间管理上拥有更多的自主权，使用弹性时间时要注意合理安排日常的工作和生活，这样才能更好地利用碎片时间完成更多的事情。

＊此外，由于人们需要弹性时间的原因有很多，为了更好地使用这些碎片时间，一定要严格地遵守个人的时间规划。

工具45：3种必备的计划清单

管理工具　Management tool

3种必备的计划清单是指个人对自己要做的事情列好完成计划的时间表，做好时间管理，防止计划被拖延或延迟。具体可根据个人长期目标和短期目标来定，比如，可按照年、月、日的计划来设置三种必备的计划清单：年计划表，月计划表，日计划表。

适用场景 Applicable scene

★ 日常生活中

★ 日常工作或者学习中

如何使用 How to use

Tip1：根据长期目标设置年时间管理计划表

俗话说，"一年之计在于春"，一年的计划如果提前安排好，并严格按照规划去做，那么，年尾就是收获喜悦的时候。因此，根据个人实际情况，设置本年度或者N年度的目标计划，可以把个人的工作，学习以及生活做一个合理的规划和安排，帮助个人在一年或N年内如期地完成预期的计划。建议时间年限不要太长，一般5年内最好。

Tip2：根据中短期目标设置周时间管理计划表

以周为单位计划安排工作、学习和生活是比较合理的。一周有七天，一般来说，其中有五天是工作时间，有两天周末是休息时间，可以使工作和生活交替，做到劳逸结合。毕竟，合理的休息时间更有助于高效地完成工作。

Tip3：根据短期目标设置日时间管理计划表

日时间管理计划表是比较短的，一日的时间安排好了，并按照计划完成，就能够有效地改正拖延的坏习惯，也可以促进个人积极地完成每周时间计划和年时间计划的目标。

注意要点　Points for attention

* 通常,一个计划的完成,需要考虑到可能会出现的干扰因素,所以,越是长期的时间计划越容易出现干扰。这就需要根据个人的实际情况不断地进行合理的调整,如果没有特殊的情况出现,总体需要完成的目标基本是不会改变的。

* 有时候,鉴于人们有拖延的坏习惯,短期的计划常常会被搁置或延期,导致原定计划不能按时完成。这就需要把计划表写下来时刻提醒自己,把注意力集中在每个时间段需要完成的项目和任务上。

工具46：完成项目,而不是完成任务

管理工具　Management tool

项目是比任务更高级的一种形态。任务多变,没有条理或是大的目标,而项目有一定的结构和具体的目的。完成一个大的项目往往要比完成一个20分钟的任务回报大得多。因此,我们不要局限于完成眼前的任务,而应该把每一件具体的事都归入一个更大的框架或蓝图之中。否则,你只是在浪费时间,忙碌却没有成效。

适用场景 Applicable scene ▶▶

★ 对工作产生懈怠情绪的时候

如何使用 How to use ▶▶

Tip1：找到执行时间计划的动力来源

设法让自己真正喜欢正在做的事情，对项目的成功充满强烈的渴望，只有这样才不需要任何人的鞭策，能够自觉自愿地认真完成计划。

Tip2：在每项任务的进度上集中注意力

时刻记住个人的计划目标，能尽快完成的事情绝不要延迟或缓慢地去完成，让计划对你形成一种约束力，时刻督促着你。在这项任务的计划时间内，不要关注其他无关的事情，始终只关注该任务的进度。

注意要点 Points for attention ▶▶

* 一个项目只需在一个时间段圆满地完成就可以了，不必纠结完成的时间点，比如，中午12点是午饭时间，这并不意味着一定要在12点吃饭，你只需要合理地安排好时间，在这个时间段吃好午饭补充能量就可以了。

* 建议在完成一个项目时，要对个人完成任务的时间有个正确的预估，这有利于你顺利在计划内完成整个项目。

工具 47：设定最后期限

管理工具　Management tool ▶▶

所有的项目和任务都应该有最后期限，到了这个期限，所制定的目标必须按照时间管理计划完成。除了给一个完整的项目设定最后期限，还要给重要项目的每一个阶段设定最后期限。这些期限能够保证我们专注于完成事情，而不仅仅是做事情。

适用场景　Applicable scene ▶▶

★任何时候

如何使用　How to use ▶▶

Tip1：给所有项目或任务都设定一个最后期限

比如，你给自己定了一个月读完一本书的任务。为了防止自己无法按照原计划在一个月内读完，你可以给自己设置一个最迟2个月内完成的最后期限。这样，即使你在一个月内没有读完，也能在最后的期限内读完，而不至于无限期地拖延下去。

Tip2：给每个重要项目或任务的每个阶段都设定最后期限

最好把每个重要的项目或任务划分成若干个不同的阶段，并给每一个阶段设定一个最后的期限，如果每个阶段都能够按计划顺利完成，那么，整个项目也就能够顺利完成。

继续上面的例子，如果一本书有12章，你计划每周读完3

章，正好一个月内可以完成，那么，你就把读完这本书的任务分成了4个阶段，每周一个阶段，每个阶段读完3个章节。为防止意外情况发生，你可以给每个阶段设置最后的期限是2周读完3个章节，这样最迟可以在2个月内读完。

Tip3：把最后期限写下来做成时间管理计划表

口头的计划常常容易忽略或忘记，或者不能监督自己去完成，最好把最后期限写下来，贴在你容易看到的地方。这样，每天只要抬头看到，它们就会起到监督和督促你的作用，对有拖延症又想付诸行动的个人来说，这是一个有效的专注完成任务的办法。

注意要点 Points for attention

＊设定的最后期限要考虑自身的能力，如果不可能在一天读完一本书，就要根据个人自身能力的实际情况来设定这个最后期限。

＊设定的每个最后期限都要严格遵守，否则所有计划都是空谈。

工具48：每周回顾

管理工具 Management tool

每周回顾是指每周抽出一些独立思考的时间，回顾这一周自己所做的事情，评估一下你所做工作与最后期限的相符情况，分析一下你的错误和弱点有哪些，这样你就有机会在即将到来的一周内提升自己。建议将每周目标列表和回顾结合起来，回顾完成后，顺便决定下一周将要完成哪些计划和任务。

适用场景　Applicable scene ▶▶

★ 日常生活中的一天，比如周末
★ 日常工作或者学习中的一天

如何使用　How to use ▶▶

Tip1：留出一个独立思考的时间段

首先，给自己放个小假，这个时间段内什么都不做，不刷手机，不看电视，不做家务，不做其他任何事情，就留一个独立的时间段给自己用来回顾和思考。时间长短可根据实际情况调整。

Tip2：评估一下所做过的工作是否与之前设定的期限相符

每周回顾时应该思考一下，你在这周所做过的工作是否都按照计划完成，是否都按照预期设定时间期限完成，并取得良好的效果，如果有延迟的情况发生，思考一下问题出在哪里，今后如何改善和提升。清晰地了解弱点和错误所在，就有机会在即将到来的一周进行完善和提升。

Tip3：为即将到来的一周做新的计划和安排

每周回顾的最后，可以思考一下即将到来的一周所要做的事情和计划，根据这次的回顾扬长避短，做一个新的计划和时间管理表。确保你付出的努力都能够得到回报，而不仅仅是让自己忙忙碌碌地度过每一天。

注意要点　Points for attention

* 每周回顾时，如果发现在这周临时出现了动力不足的情况，就要试着找出原因，及时纠正，千万不要让拖延的坏习惯滋生蔓延。调整好状态，才能以积极、饱满的情绪迎接即将到来的工作和生活。

* 每周回顾最好在休息日做，这样可以避免被其他事情干扰，不能静静地思考问题，所以，建议把每周回顾同日常工作分开。毕竟，休息日不同于工作日的心情，静下心来才能认真思考，精细规划未来。

工具49：避免硬时限

管理工具　Management tool

硬时限可以是他人强加的期限，是任务的到期日，是老板制订的时间表，是填表格的最后时间。有硬时限就有软时限，它们是相对的。软时限一般就是指自己设定的期限，这个期限根据个人的实际情况而定，一般是比较合理的期限。你可以在正式期限之前自己设定一个期限，将硬时限变成软时限。

例如，财务人员通常在月末会特别繁忙，依靠硬时限就意味着月初和月中可以适当摸鱼，一到月末就得加班完成工作。设定软时限，则能帮你把繁重的工作任务分解开来，在工作高峰期到来前先完成部分重要工作。

适用场景 Applicable scene ▶▶

★ 日常工作中，完成上级或老板安排的工作或项目时

★ 日常生活中，完成他人计划或安排的事情时

如何使用 How to use ▶▶

Tip1：在硬时限之前设置一个软时限

既然硬时限是别人强加的期限，可能是你的上级或老板规定的期限，是他人要求你必须完成的时间，这个时间不一定会符合你自身的实际情况。那么，你就需要给自己设置一个软时限，在硬时限之外给自己设置一个合理的完成时间。

Tip2：遵守循序渐进的原则，为自己设定一个目标

当你有了目标，你就知道你要如何做，内心就会有完成目标的动力，有了动力，就可以遵守循序渐进的原则，一步一个脚印地按计划去完成设定的目标，以获得内心的成就感。当然，建议开始的时候不要给自己设定太高的目标，要根据个人的实际情况而定。

注意要点 Points for attention ▶▶

＊合理地设定软时限可以帮助你解决硬时限带来的拖延问题，所以，一定要根据个人的实际情况来设定软时限。

＊认真执行个人制订的软时限时间管理表的计划，才能最终避免超出硬时限，加速完成硬时限规定的工作或项目。

工具50：感激懒惰

管理工具 Management tool ▶▶

感激懒惰是指感激积极意义上的"懒惰"，它不同于平常人们理解和认为的那种懒惰，这种"懒惰"可以帮助你完成更多的事情，看似贬义，实则褒义。对于个人来说，这种"懒惰"是指不做一些没有意义的事情或工作，而是用头脑分析判断后，节约你的部分时间和精力的方法。

适用场景 Applicable scene ▶▶

★ 日常生活中
★ 日常工作或者学习中

如何使用 How to use ▶▶

Tip1：学会压缩工作时间，做到真正的专注做事

为了更容易理解如何压缩工作时间，这里举个例子。比如，一个设计师每天工作8小时，还需要加班2小时，看起来真的是很忙。但是，这中间他还有时间回复邮件，和同事聊聊天，甚至刷刷手机看下新闻。那么到底一天有多少小时是真正的工作时间？如果工作时间不分心，做到专注地做事情，可能他就能够把一天的工作时间压缩到8小时内，根本不需要再加班2小时。

Tip2：学会判断分析需要"偷懒"的工作或事情

从上面的例子，我们可以看出人们做一件事情或工作时，

花费的时间是可长可短的。工作时间长并不是生产力就高，相反，只要做到专注，不分心增添其他事情，如一些不必要的或者没有太大价值的事情。虽然工作时间短了，但是一样能够完成一天的工作，这也节约了你的时间和精力，这种"懒惰"行为反而是生产力高的表现。

Tip3：区别缺乏自律的懒惰

日常生活或工作中，人们常常因为不能自律、不能如期按计划完成工作或任务而导致事情的拖延，这种就是缺乏自律的懒惰，本节所讲的"懒惰"不同于传统意义上的懒惰，一定要注意区分开来。

注意要点　Points for attention

* 懒惰不仅是缺点也是优点，这里所讲的"懒惰"就是可以当成优点来对待的。

* 这里讲的"懒惰"是提高生产力所必需的条件，如果错误地把生产力和工作时间对等，那么，你会浪费大量的时间。

工具 51：心智导图

管理工具　Management tool

心智导图又叫思维导图，它不仅是表达发散性思维的有效图形思维工具，还是一种非常有用的时间管理工具，可以帮助我们提高学习和工作效率，合理规划时间，使人不蹉跎岁月，做一个自律的人。

适用场景　Applicable scene ▶▶

★ 作为计划工具，为确保你已经考虑到了所有可能的想法

如何使用　How to use ▶▶

Tip1：确定中心主题

中心主题就是"今日规划"之类的，接着围绕中心主题先画一个分支出来，把你所有要做的事情都列出来。比如，这段时间要写完一个项目报告，要参加一个会议，要发个快递等，不管是什么，只要是自己能想到的都先列出来。

```
今日规划 ——任务收集—— 完成项目报告
                     15点参加会议
                     发快递
```

Tip2：按时间节点分类

接着把这些事按要完成的时间节点划分为今天必须完成的、今天尽量完成的，以及后续完成的，也就是明后天完成也可以的。画三个分支出来，把刚才列出来的事拖到对应的分支里。

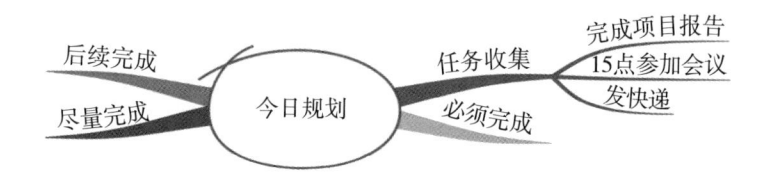

```
后续完成 \              / 任务收集 —— 完成项目报告
         \            /              15点参加会议
          今日规划                     发快递
         /            \
尽量完成 /              \ 必须完成
```

Tip3：继续拆解任务

再把今天必须要完成和今天尽量完成的任务来明确和拆分一下。例如，完成项目汇报，首先明确一下它的质量要求和完成的具体步骤是什么。汇报项目进展，还需要去收集相关的资料，接着再和相关人员确定一下，然后把数据汇总形成图表，再加上一些文字。明确了步骤，不仅能更准确地评估时间，也能够知道具体该怎么做。需要别人配合的，还要把相关人员也列出来。

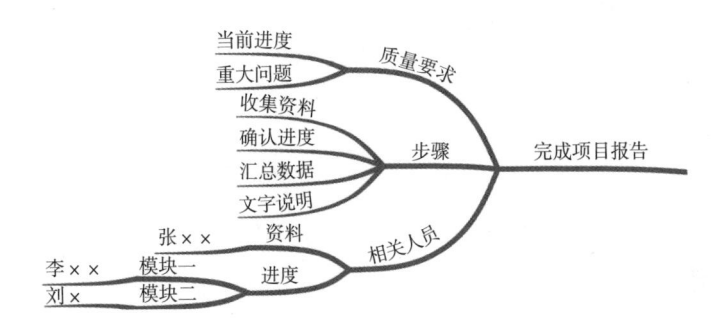

```
              当前进度
              重大问题 ── 质量要求
              收集资料
              确认进度
              汇总数据 ── 步骤 ──── 完成项目报告
              文字说明
        张×× ── 资料
李××── 模块一── 进度 ── 相关人员
刘× ── 模块二
```

Tip4：明确今天必须要做的事

把这些都明确了，接着就先去做今天必须要完成的就可以了。在做的过程中可能又会新增别的事要去做。遇到新增的，先放到开头的第1个分支"任务收集"里面，先把它们列出来，在你完成当前的工作以后，再来看它是不是今天必须要完成的。不是就直接拖到后面的分支里，是就重新评估时间，看看其他事有哪些是可以放到明天完成的。

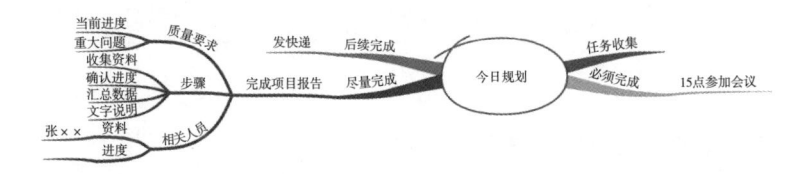

```
    当前进度
    重大问题 ── 质量要求           发快递 ── 后续完成        任务收集
    收集资料                                                              
    确认进度                                                              
    汇总数据 ── 步骤 ── 完成项目报告 ── 尽量完成 ── 今日规划 ── 必须完成 ── 15点参加会议
    文字说明
    张×× ── 资料
           ── 相关人员
           ── 进度
```

注意要点 — Points for attention

* 利用思维导图工具画出我们的时间规划时，不需要画得多漂亮，而是要清晰地画出下一步要做什么。

* 日程管理工具无数，可以选择适合自己的工具使用，如XMind就是不错的选择。

工具52：休一天假

管理工具 — Management tool

休假是让人快乐的事情，当我们决定工作6天而不是7天的时候，工作效率就会飞速提升。尽管完成工作的时间变短了，但我们完成工作的能力提高了。这是因为，休一天假能够让我们给一周内耗尽的"电池"重新充电。

适用场景 — Applicable scene

★ 长时间工作后，身体劳累、工作效率低下时

如何使用 — How to use

Tip1：有固定的休息时间

正如列宁曾说的："休息是为了更好地工作。"生活中，虽然学习和工作很紧张，但也要注意劳逸结合，保证一周至少有半天或一天的休息时间。

Tip2：不要把床当成工作和学习的场所

让床只发挥睡眠的功能，而不作为工作和学习的场所。到了睡觉时间，还躺在床上处理工作，读书看报，看电视、手机等电子产品，会削弱床与睡眠的直接联系。真正睡眠好的人，往往能做到一沾枕头就入睡，这是因为床对于他们来说就是睡觉的场所，以至于形成了条件反射。

Tip3：经常运动

每天睡前或饭后跑步、骑车、练瑜伽等可以有效缓解工作和生活中产生的紧张焦虑情绪，起到缓解压力的作用。感觉无法入睡时，还可以试着做做深呼吸，从而平复负面情绪，有助于放松身心。

注意要点　Points for attention ▶▶

＊给自己放一天假不是放纵，还是要遵守作息规律，比如，不过度卧床休息，不进行激烈伤身体的运动，不长途跋涉，否则不仅没得到好的休息，反而更加消耗身体能量。

＊长期坐办公室的人员，大脑和身体都很劳累时，需要的活动不是静卧。你要通过别的活动把紧张的神经放松，如插花、做手工、写日记等。

工具 53：计算生理周期

管理工具	Management tool ▶▶

据生理学家研究，人一般有以下周期：体能周期23天，智能周期33天，情绪周期28天。每一个周期又分为高潮期、转型期和低潮期。计算出某一时间自己所处的生理状态，并以此来调整工作内容，也是一种提高工作效率的好办法。

适用场景	Applicable scene ▶▶

★ 工作忙得焦头烂额还是毫无效率，内心焦虑情绪增加时

如何使用	How to use ▶▶

Tip1：计算生理周期

计算出从出生那天到需要计算的那一天的总天数，接着用总天数除以各周期的天数，得到的余数就是各个周期余数。如果余数小于或等于生物周期的一半，则为高潮期，反之为低潮期，如果余数接近周期的一半或为零时，则属于转折期。

例如，我出生于1986年4月14日，想知道2012年3月8日的状态。从1986年4月14日到2012年3月8日一共1023天。

按照体能周期23天，智能周期33天，情绪周期28天进行计算。

· 1023除以23余数为10，10接近体能周期的一半11，属于转折期。

- 1023除以33余数为0，为智能周期新的起点，属于转折期。
- 1023除以28余数为15，15大于情绪周期的一半14，属于低潮期。

Tip2：根据生理状态制订工作计划

人的生理状态，就像大海的潮汐，是有来回波动的。利用这个公式计算出自己的生理状态后，可以在工作效率不高的时候去做一些简单的工作，在工作效率高的时候加倍努力，这样相当于学会在了高峰冲浪，在低谷休息，人的精力得到了最大程度的利用。

注意要点 Points for attention

＊每个人都有自己的"时间习惯钟（Time Habbit Clock）"，这是由潜意识、生理结构以及个人生活习惯来决定的，我们要做的是找到它，总结它产生作用的规律。

＊管理好自己的心理能量。某些事情会给自己带来情绪的波动，悲伤失落的情绪会严重降低我们的工作效率，因此最好不要选择在此时完成重要工作。

工具54：计算你的时间价值

管理工具 Management tool

如果你的工资恰巧是以小时为计算单位的，那么你应该早就清楚自己的时间价值了。即使我们的工作不是以小时为计算单位,也可以算出自己的时间价值。知道自己的时间价值后,就可以找出什么是自己最有价值的活动,什么是自己的核心能力,然后在这些重要的事情上下功夫。

适用场景 Applicable scene ▶▶

★ 不了解自己的时间价值,无法判断哪些事情该自己做,哪些可以请他人完成时

如何使用 How to use ▶▶

Tip1:思考一下这几个问题

你的薪水是怎么计算的?每个月有多少薪水?每小时价值多少?

如果别人出价,你愿意以怎样的价格出售你的时间?每小时卖多少?

如果你愿意出价,你愿意花费多少买回你的时间?每小时多少?

Tip2:弄懂时间价值计算公式

假设一个人的月薪6000元,每天工作8小时,上下班各1小时,午休1小时,每月工作21天。

时薪=月薪÷(工作天数×每天工作小时数)

时薪=6000÷(21×11)≈26元

如果要加班,包括免费加班,那么单位时间价值就需要重新衡量。

按照刚才的公式计算，如果有人愿意出高于26元/小时的价钱购买你的时间，那么这笔买卖就是合算的；如果你愿意花26元/小时买回自己的时间，那么这笔买卖也是合算的，比如，出门选择打车而非步行，请钟点工打扫而非自己动手等。

Tip3：提高自己单位时间价值

如果工作的性质没发生改变，就提升专业水平（你能给企业创造的价值），从而提升时薪的单价。比如，一个助理设计师成长为专业设计师，一个实习律师成长为职业律师。

在工作量和报酬固定的情况下，可以通过提升工作效率，加快工作进度，在更短时间获得回报，提升单位时间价值。

如果上述办法不能实现单位时间价值的提高，那么你可以考虑更换到一个时薪更高的行业中去。

注意要点 Points for attention ▶▶

* 计算出自己的时间价值后，就可以把它作为判断是否做某事的标准，可以考虑是用时间来赚取金钱，还是用金钱来换取时间。

* 从投资回报率的角度来讲，一件事情是否值得我们投入时间，主要是看它能给我们带来什么样的收益。这样的收益可以是实实在在物质上的回报，也可以是在自我提升方面的，如你的知识、技能增加。

工具55："拒绝"资料杀手"

管理工具 Management tool ▶▶

无关紧要的资料也是时间杀手之一，如果重要资料没有整理好，一样会让你在忙碌中浪费许多宝贵时间。把资料整理好，既能减少你找资料的时间，又能提高你的工作效率。

适用场景 Applicable scene ▶▶

★ 因不良的资料管理习惯导致工作时间浪费和效率低下时

如何使用 How to use ▶▶

Tip1：做一套资料档案

把你工作中已经用过，日后还可能会用的文件资料保存到这个档案里。然后给这本档案做一份清单，按照你存放的顺序排列出来，每放进去一份资料，就在后面及时更新。

Tip2：利用扫描仪

有时我们需要将一些资料作为参考或引用，如果你拿到的这些资料不是电子文件而是纸质的，就要把这些文件再输入电脑中，这是很浪费时间的一项大工程，这时可以利用扫描仪，它会帮你省下许多时间。现在，只花不到1000元就可以买到一台扫描仪。

Tip3：资料命名与存储

把扫描好的文件按文件名存入你的文件夹中，这样在你以后需要的时候就可以轻而易举地找到。

文件最合理的命名应该包含一定的核心信息及修改事项，并且是方便后期自己或者他人辨认和查找的名字。可以参考"关键内容+作者+部门+编号+文件创建时间"的格式进行命名，例如：中秋节活动策划方案—李慧执笔—20190701.doc。这样给文件取名，仅通过文件名就能知道文件的内容和相关信息。

注意要点　Points for attention

* 不管你使用哪种方法，在整理资料时，一定要避免把资料堆在桌子上。

* 如果担心存储的文件太多会导致电脑速度变慢，可以把不常用的资料存在移动硬盘里，把空间腾出来。

工具 56：先投资自己

管理工具　Management tool

我们在安排日程之前，需要先养成投资的习惯。这里所说的值得投资的习惯并不单单指金钱，而是运动、阅读、写日记、跟家人共处、学习，等等。通过这个方式，我们可以确保自己的日程安排不会用掉我们所有的额外时间。如果这些东西在很早之前就成为了习惯，我们在处理其他事情的时候，这些额外的事情也就自然而然地不会影响我们。

适用场景 Applicable scene

★ 习惯以没时间为借口逃避完成某些任务时

★ 某些习惯和事情对我们未来的生活、工作或学习有帮助，应当投入更多时间时

如何使用 How to use

Tip1：首先确定目前哪些行为习惯对自己现在或者未来有一定的帮助，然后将这些行为作为我们的行动目标，记录在我们的笔记本上，或写在纸张上并张贴在墙上，画出30天表格，每日结束后总结完成情况并进行标注。

Tip2：按照纸张上的目标去坚持并付出行动。在这个过程中我们或许会看见不可多得的机会，如果发现这个过程有益并且结果对我们有帮助，那么我们就必须继续坚持下去。即使没人理解，但这个事情是做给自己看的，就应该把它变成我们的一个习惯。

Tip3：在这个过程中，我们要明白自己的优点是什么，弱点是什么，可以在纸上记录下来，如果我们的目标与弱点有所冲突，就要找到原因和方法消除弱点，或者扬长避短，不断对我们的目标计划进行调整。我们可以每晚睡前进行复盘总结，避免重复犯错，或者出现消极想法动摇自己的决定，每天都提醒自己正在进步，感受接近目标的乐趣。

注意要点 Points for attention

＊ 并不是学校、工作地点等单一场合才是学习并投资自己

的地方。投资自己不分时间和场所，学习是我们一直都要做的事情。

　　* 找到自己热爱或者对自己有益的事情作为投资自己的方式。我们需要不断寻找自我定位，找到有益的事，我们的人生才有意义，才能朝着目标坚持走下去，也因为内心的热爱或者对自己有益，所以我们才会更努力地把一件事做到最好。

工作流自动化

第 5 章

CHAPTER 5

工具 57：日常工作 VS 非日常工作

管理工具　Management tool ▶▶

在工作流自动化概念中，要产生生产效率的第一步就是要将日常工作和非日常工作分开。分开日常和非日常工作就是要清晰地明确自己，并梳理和认清自己的工作。

日常工作就是常规且可重复的工作，这部分工作较为流程化，无须过多思考，可在习惯引导下自动化完成。

非日常工作是没有习惯、惯例、流程可言的工作，需要花费时间去处理，需要更多精力去完成，无法自动化。

清晰地认识自我工作和习惯，将工作类型有效区分为日常工作和非日常工作，合理安排时间，更有计划地利用工作流高效完成可自动化工作部分，就能够抽出更多精力关注非日常工作，管理好自己的时间清单。

适用场景　Applicable scene ▶▶

★ 工作内容的细致化管理
★ 工作计划及工作条理的养成
★ 工作习惯的建立

如何使用 How to use

Tip1：首先把每天或者每周、每月要做的工作都逐一记录下来，明确自己日常的工作和任务有哪些，清单化是工作流有效的梳理手段。

Tip2：在笔记本上分三列，一列标注日常工作、一列标注非日常工作、中间一列标注无法区分的工作，并把所有的工作分别填入对应的部分。

Tip3：将中间无法区分的部分再次梳理和再次分解，写出完成这些工作需要的步骤，梳理清晰后，再做一次分类，直到所有工作清晰地被放入日常工作和非日常工作列表。

Tip4：日常工作是常规化的，哪怕烦琐复杂，它都是无须思考和必须解决的存在，既然是日常工作，我们就可以梳理它的规律计划、方法，让其更加优化，让自己的日常工作拥有最佳的工作模式，增加完成的效率，提高工作能效；而非日常的工作可能是突发的，也可能是必然的，更可能是重要的，特殊的工作需要优先处理才能更高效。

注意要点 Points for attention

＊无论对于日常工作还是非日常工作，重点都应该是：定目标、做计划——做记录、做分析 ——关键时刻做关键事情——要事优先 ——每天总结——开发、积累和进步。

＊理想情况下，我们的心力应该花费在非日常工作上。而日常工作就算你当时不做，也应该放在日程表上，按照惯例执行。

工具58：运用"PDCA循环"改进工作

管理工具 Management tool

PDCA循环是美国质量管理专家沃特·阿曼德·休哈特（Walter A. Shewhart）首先提出的，由戴明采纳、宣传，获得普及，所以又称戴明环。PDCA是产品质量控制的一个原则，但是它不仅仅能控制产品质量管理的过程，同样可以有效控制工作质量和管理质量。PDCA循环的含义是将质量管理分为四个阶段，分别是计划（Plan）、实施（Do）、检查（Check）、处理（Action），按照这样的顺序进行质量管理，并且循环不断地进行下去。因为它从计划、实施、检查，到进一步改进，然后进入下一个工作，形成了流程化的循环。在渐进的改善中，一点一点地去除其中的粗糙和错误部分，所以它会促使我们的工作循环完整、过程趋于完美，让我们的工作效率、成果都达到更理想的效果。

适用场景 Applicable scene

★ 需要计划进行变革或者逐步改善时

如何使用 How to use

PDCA的每个字母代表一个阶段：Plan——计划，Do——执行，Check——检查，Action——处理，可将四阶段精细化地分解为八大步骤：收集资料——系统分析——目标确定——制订计划——执行——检查——实施激励机制——总结经验。

日常工作中，我们首先要做到的就是提前做计划，而且计划往往要花费很多时间和思考才能做好，比如，自己想做副业，那么我们就将副业当成一个工作来采用PDCA进行模拟。

Tip1：**事前计划**。"凡事预则立，不预则废。"想做的副业是什么，根据想做的事情罗列清单，制订详细的工作计划，需要考虑主业时间不允许怎么办，自己的专业能力是否达标，以及过程中发生突发事件的预防措施，提前做好全面的准备，包括对各种变化的管控，将会大大提升执行的效率与效果。

Tip2：**工作执行**。计划也做好了，接下来就需要按照计划有条不紊地行动，按部就班地执行，做好监控管理。当然，实际我们都知道做副业没有那么容易，在执行阶段会遇到各种各样突发的、意想不到的问题，我们要坚持按计划执行，区分好重要紧急、重要不紧急、不重要紧急和不重要不紧急的工作，并且有针对性地完成。

Tip3：**过程检查**。在执行完某一个阶段就去检查，从中发现执行与计划的偏离度，从而有效及时地更正，保障计划的达成。如副业是卖花，那么卖花的过程中，就有很多问题是执行过程检查后发现的，比如，选择卖花的地点潜在客流是否足够多，哪些品类和价位的花更受欢迎等。

Tip4：**事后处置**。以上部分完成后会出现阶段性结果，我们要对这个阶段性的结果进行处置，包括两步，即实施激励机制以及总结经验。修订目标进入下一循环，循环往复，持续改进。并且做好及时反馈，从中总结经验，从而有所改进。

> **注意要点** Points for attention ▶▶

* PDCA是一个循环的系统，无论是什么类型的工作都可以用这个工具实现梳理。需要强调的是，这是一个循环的工具，是不断向前、不断循环的过程，这需要根据具体事务，灵活运用。

工具59：标准化管理

> **管理工具** Management tool ▶▶

标准化管理是指为了在生产经营、实施管理或者执行要求上获得最佳秩序也可以说最科学的组合，而对实际或潜在的问题制定规则的活动。其实在生活或者工作中，往往会有一些约定俗成，这些其实就是标准的雏形，为什么要有约定俗成，当然是为了衡量、比较以及校准。制订发布以及实施的过程其实就是标准化；对衡量、对标、校准等一系列过程的把控，就是标准化管理。

> **适用场景** Applicable scene ▶▶

★ 项目或者方案优化及迭代、企业管理、规范化管理，流

程化需求

★ 个人日常行为习惯养成、建立规矩、树立标准

如何使用　　How to use　　▶▶

无论是为了增加企业的竞争力还是个人的竞争力，标准化都可以发挥重要作用，从而提升企业在行业中的地位，个人层面亦可增加个人价值及职业价值。在这里我们将标准化管理的使用方式或者说是建立模式的过程，简单分为三部曲，我们举例说明：

Tip1：先将所需之事立项，且为此建立衡量准则，即确立标准。生活或者工作中，我们将某种商品或者某种活动的大小、规格、参数、行动顺序等，梳理清晰，并同时给予定义，形成统一化的过程，就是确立标准的过程。例如，交通信号灯的设立，就规范了交通的标准，简单的信号灯将所有人的标准统一，大家执行同一个标准，就可以降低交通事故率，同时提升每个参与者的效率。

Tip2：建立起以所确立目标标准为核心的有效标准体系。这就如同建立交通信号灯标准调整了车辆的运行秩序，但是并不能解决交通整体的所有问题，交通事故、交通指示、交通处罚、交通管制等一系列的问题相互牵扯、互相影响。这就需要所有环节联系起来共同为交通畅通、工作效率提升、事故减少等目标服务，这就是标准化体系的建立。

Tip3：把标准化向纵深推进，运用多种标准化形式支持目标更新开发。这就如同车辆越来越多，即便交通体系再完善

也容量有限，那么在这个标准化体系的延伸下，我们应深入发展，用多种标准和理念去支持目标的迭代更新，如海陆空等多渠道交通枢纽的建立。

注意要点　Points for attention

＊标准化一定是跟随目标发展而发展的，没有一成不变的标准，只有不断更新的标准化运用。

工具 60：习惯的角色

管理工具　Management tool

亚里士多德曾经说过："人的行为总是一再重复。因此卓越不是单一的举动，而是习惯。"这说明了习惯对我们的生活、工作都有极大的影响，而且习惯甚至一直在不知不觉中，经年累月地影响着我们的品德，暴露出我们的本性，左右着我们的成败。

习惯的角色是"知识""技巧"与"意愿"相互交织的结果。知识是理论范畴，指导我们做什么及为何做；技巧告诉我们如何做；意愿促使我们想要做。这几点也是我们养成一种习惯，让习惯为我们成长所用的重点所在。

适用场景　Applicable scene

★ 生活或者工作中涉及的习惯角色建立

> 如何使用　How to use ▶▶ ❓

有意识地将习惯变换角色，重视它练习它，并让其成为我们提高工作效率，甚至不断进步的有力工具。下面我们具体说明一下如何使用"习惯的角色"这一工具。

Tip1：确认角色

根据我们日常的习惯做列表，分析这些事情自己是靠什么完成的，完成这件事情是习惯主导，还是屏除习惯集中精力调动所有的知识技巧专注完成的。先写出你自己习惯的关键角色，划分为三个角色：主导者角色、参与者角色、旁观者角色。比如，是日常生活主导者，还是工作进度参与者，或者是特殊事件旁观者等。

Tip2：选择目标

根据确认习惯的角色，列举自己想要持续投入时间和精力去做的事情，考虑一下习惯的角色和任务，用某一生活惯例或者工作任务作为练习使用习惯的角色这一工具的目标。

Tip3：跟踪进度

根据实际情况界定一个时间节点，比如一个月，在这个周期之内作为一个主导者，去做好习惯的跟进记录，从习惯的时间、坚持程度、优化步骤等着手，认真对待一个周期，形成查阅记录。

Tip4：自我提升

简单地说，将这一工具的使用形成统合综效，就是让习惯这个角色融入日常工作和生活，做到与其他习惯相辅相成，整体大于部分之和。它的精髓就是从身体层面形成习惯，从心智层面转变习惯，从精神层面刻意练习，从社会及情感层面持续关注自我提升。

注意要点 Points for attention

＊每个人大多时候都是依赖于习惯的，无论是生活习惯还是工作习惯，无论是行为习惯还是思维习惯。有时候人忽略了某种常用的习惯，只是称其为做事风格，这是需要注意的，因为往往风格便是习惯的体现，我们要能找到它，才能赋予其角色，从而为自己所用。

工具 61：30 天试验

管理工具 Management tool

对于培养任何一个新习惯来说，最困难的部分都是开始的阶段，尤其是前几天或第一个月，一旦坚持过了30天，后面的过程就会变得较为容易，因为我们已经克服了惰性以及惯性。

30天试验通过专注的力量来发挥作用，通过专注于一个月内行为的改变，来完成我们习惯养成的蜕变，可以让我们做到利用意识资源的1%去塑造无意识加工处理的99%。30天试验是我们养成习惯，提高学习、生活和工作效率的方法之一。它可以在一定程度上将我们习惯养成的过程简化，让我们的习惯养成看上去不那么遥不可及。

适用场景　Applicable scene ▶▶

★ 当我们想要永久地改变一种习惯，并且在开始之前对自己不自信，被习惯培养过程吓住的时候

★ 希望我们所设立的目标和培养的习惯对我们的学习、生活或工作起到预期效果的时候

如何使用　How to use ▶▶

Tip1：在空白纸张上列出我们需要达到的目标或想要养成的习惯，然后对目标或习惯的养成过程进行分解，将其分解成多个30天表格，每天对当日的完成情况进行小的复盘总结。然后每30天进行一次大的回顾总结。

Tip2：当我们的30天试验结束后，如果效果未达到我们的预期，那么我们就放弃这30天的试验内容，转而另外制订分解内容，如果效果达到则延长我们的时间，继续下一个30天试验，直到最终养成习惯。

Tip3：当我们在30天试验的过程中，因为某些原因导致30天试验中断或停止，那我们应当从第一天重新开始我们培养习惯的过程。

注意要点　Points for attention ▶▶

* 刚开始进行培养习惯的30天试验时，我们应尽可能只专注于一个习惯，一次进行太多的30天试验往往会让我们手忙脚乱，从而对我们的习惯培养造成不良影响。

＊30天试验可以简化我们习惯培养的过程，但不能完全替代习惯的养成，当我们30天试验完成，并且对习惯的培养起到帮助的时候，我们可以试着延长多个30天试验，如60天或90天，这样也会让我们更加容易巩固新习惯。

工具62：建立一个牢不可破的标准

管理工具　Management tool

为了完成一个目标、培养一个习惯，我们建立的这个牢不可破的标准就是：无论遇到怎样的困难，我们都要按照之前制订的计划坚持到30天的最后一天，哪怕最后因为某一原因，我们放弃了这个习惯，我们也需要在这30天内坚持到底，不能放弃。当我们建立了牢不可破的标准并严格执行的时候，我们会发现我们的自律能力以及以往那些很难改变的陋习，都在渐渐地发生着改变。

适用场景　Applicable scene

★ 当我们觉得自己的自律不足以让我们完成某一计划，或过程中可能存在很多不可控的其他人为或自然因素时

★ 当我们生活、学习或工作中的某些习惯影响到了我们的工作效率或利益，想要尽早改正这样的不良习惯时

如何使用 How to use

Tip1：将自己为了完成某一计划、形成某一习惯所需要建立的牢不可破的标准写在纸张上，并按照纸张大小画出30个格子，每一个格子代表一天。当一天结束后，在格子中对完成情况进行简单描述，然后反思总结当日标准完成的情况，并进行彩色标注（绿色代表完成较好、黄色代表完成一般、红色代表完成较差）。

Tip2：当完成某一阶段，如一个星期之后，对该阶段进行一下分析评估，找出该标准的完成情况中有哪些不足之处需要进行补充，哪些做得较好可以继续保持。

Tip3：当30天完成后，对结果进行总结评估，看该标准是否帮助我们完成了最开始的计划并且养成了相应的习惯。

注意要点 Points for attention

* 开始建立这个牢不可破的标准时，需要尽可能全面地考虑各种因素，尤其是对标准执行过程中可能产生的不利因素进行评估，看该标准是否科学可行。

* 如果30天内我们由于客观不可控的因素，导致无法完成计划，那我们就要从第一天再重新开始，因为断断续续要比完全放弃重新开始更加糟糕。

工具 63：触发物

| 管理工具 | Management tool ▶▶ |

触发物是激发我们养成习惯所需行动力的一种调节和解决方案，触发物可以单独使用，或连同30天实验周期一起让我们的日常惯例坚持下去。

触发物发生作用的过程主要包含两个部分，分别是信号以及仪式。信号是开始一个习惯的提示和线索。比如，我们想用一个触发物来开始养成早睡的习惯，我们定好上床睡觉的闹钟，当闹钟响起时，闹钟的声音就是我们的信号。其他的信号可能是一天中固定某段时间去健身房，某个时间早起，或者是一种特殊的感觉，又或者是我们想避免的一些行为。仪式则是我们做完习惯动作之后立刻需要做的事。这些仪式往往非常短暂，这些较短的仪式会触发我们习惯剩余部分的行为。比如，我们刚刚运动完，立刻拿起水喝了起来，这个动作一旦完成，所培养习惯的其余部分动作也会跟着出现。

| 适用场景 | Applicable scene ▶▶ |

★ 培养一个习惯开始的阶段，以及在培养习惯的过程中，遇到困难，缺乏行动力的时候

★ 当一个习惯不能长期坚持下去的时候

如何使用　　How to use

Tip1：当我们制订好目标或者准备培养某一习惯时，就可以在笔记本上记录好我们所设立的目标或准备培养的习惯。每日在空白纸张上以线段的形式表示所培养的习惯，线段左侧为培养习惯行为的活动信号，线段右侧为培养习惯行为的行动仪式，其中触发物在线段中将线段分割开，需要注意的是，触发物形成后的仪式部分应当较为短暂。

Tip2：在完成好的图上备注好触发物的形式，例如，以闹钟作为我们的习惯培养信号。然后标注好仪式内容，例如，以闹钟响起后的动作来作为我们的习惯培养的仪式。

Tip3：最后，每日记录好习惯完成情况并进行复盘总结。我们需要总结过程中触发物达到的效果，根据情况进行调整完善或继续保持。

注意要点　　Points for attention

* 制订目标或培养习惯时一定要切合实际，在设立触发物时，触发物的选择也应当根据实际情况合理设置。

* 触发机制对改变培养习惯起到的作用不可忽视，但切记，触发机制并不是培养习惯时必须设立的。如果我们能够独立顺利地培养习惯，那最好在独立的情况下完成习惯的培养。

工具 64：替换理论

管理工具 Management tool

替换理论是我们习惯养成的一种进阶方法。替换理论的核心思想是，一个人不太可能轻易地摆脱坏习惯，因为坏习惯不可能被消灭，只能被其他习惯替代。为了保持内在需求和外在资源的双平衡，在戒除陋习的同时，我们需要做的是用一个好一点的习惯来代替它。比如，你想戒烟，按照替换理论，你可以找到另一个习惯来代替它，当我们想要抽烟时，我们可以尝试着咀嚼糖果。

适用场景 Applicable scene

★ 当我们发现我们目前的某一习惯对我们的学习、生活或工作造成了困扰，我们在目前情况下很难或者根本无法改变时

如何使用 How to use

Tip1：在纸张或者笔记本上，写出自己想要改变的某一习惯，并在它的周围罗列出可以对它进行替换的其他习惯，对罗列出的其他习惯进行评估，找出其中最有可能替换或者相对来说更容易替换的习惯来进行一个30天试验。

Tip2：当我们想改变一些不良习惯时，我们需要创造某个特定的替换习惯，试着降低改变的难度，可以让戒除陋习的最初时间变得不那么难熬。例如，在戒除一项陋习的时候，我们

的大脑常常会问一个问题：那我们现在要做什么？不吃垃圾食品了、不看电视了，我们自己就不知道该做什么了。这时，想出一个替代物专门去替代那件不能做的事，可以使改变习惯的过渡期变得容易许多。

Tip3：当我们准备用替换理论戒除一个不好习惯的时候，会发现有很多让我们进行替换的有益习惯，虽然这些选择都不错，但是种类繁多，我们无法专注于某一项，使它成为一个稳定的替换习惯。这时候我们就需要选择一个稳定的替换习惯。比如，我们想要把每天看手机刷短视频的习惯改掉，这时候阅读、看电视、运动都可以变成我们的替换习惯。但往往多个习惯不能一起对现有单一习惯进行替换，否则就会面临替换理论失败的可能。

注意要点　　Points for attention

＊我们为了改变现有习惯而找出的新习惯，必须是符合实际且切实可行的，不然我们不仅无法进行替换，还会对现有习惯的改变造成一定的困扰。

＊我们利用替换理论对现有的习惯进行改变，是为了让我们的生活更美好，而不是更艰难。如果30天之后，进行替换的某一习惯仍让我们感到无法适应，那么我们就需要重新考虑一个替换理论。

＊替换理论并不适用于任何情况，当我们想要"去做某事"而非"戒除某事"的时候，就不适合运用替换理论，因为"去做"的这些刚刚制订并且正准备或者正进行的行为本身就

是一个形成习惯的过程，并没有成为一个习惯，自然而然也就不存在这个复杂的"替换过程"。

工具 65：操作性条件反射

管理工具 Management tool

操作性条件反射，又被称为"工具性条件反射"。它是由美国行为主义心理学家斯金纳20世纪30年代在经典条件反射的基础上提出的一种由刺激引起的行为改变的过程与方法。他为了研究动物的学习行为，采用了精确的测量习得反应技术，设计了一种由动物进行操作活动的试验箱，用来测定动物完成压杆或按键活动的特定反应，这个试验可以分为食物性和防御性两种形式。例如，这个箱子有一个开关，老鼠一按这个开关就会得到一个奖励。基于奖励的诱惑，这只老鼠会被训练反复按这个开关。操作性条件反射在塑造习惯的过程中，对我们有很强的帮助作用。

适用场景 Applicable scene

★ 当我们设立好一个目标或者开始养成一个习惯时

★ 当我们在30天试验培养一个习惯的过程中，感觉自己无法坚持下去时

★ 当我们出于懒惰或其他客观原因，不想去完成任务时

如何使用　How to use

Tip1：我们在制订计划和养成习惯之前首先要确定两样东西，一个是奖励物，一个是惩罚物。这两样东西不单单可以用物品来做，还可以用其他的形式或行为来代替。奖励物是我们在很好地完成了特定行为的时候给予我们的奖励，让我们可以增加这类情况的发生。而惩罚物则是在我们不想去做或者做的效果不理想时，给予我们的一些惩罚，可以让我们减少或者杜绝类似的事情发生。

Tip2：在我们确定好惩罚物和奖励物后，我们需要将制订的目标或需要养成的习惯记录在纸张或笔记本上，并且将计划制订成表格形式，表格分为日期、完成情况、奖惩情况等，然后每日或每阶段结束后，回顾总结当日或该阶段的完成情况，如果完成效果较好，就可以给予之前设立好的奖励物，如果完成情况不理想，我们则需要利用惩罚物来及时纠正相应的行为。

注意要点　Points for attention

* 在进行操作性条件反射的过程中，需要掌握好一定的平衡，惩罚物不能设立得过于严苛，否则会让我们在某一次因为一些原因没有做好时，对习惯的养成出现抵制情绪。而奖励物则不能过于美好，否则我们会对该奖励物过于依赖，在未来习惯养成时产生其他不良习惯。

* 多进行奖励物这种正面的强化及反馈，因为惩罚物这种负面反馈的效果往往较差。

工具 66：一次培养一个习惯

管理工具　Management tool

对很多人来说，习惯的养成很难，其中一个重要的原因就是专注力不够。而一次培养一个习惯恰恰对这方面有着较为巨大的帮助和改善。它不仅能够培养增强我们的专注力，还可以提高习惯养成的成功率，并且随着习惯的养成，提高工作效率、增加工作收益。另外，我们在开始尝试做30天试验的时候，更应当一次只培养一个习惯，它不仅能够让我们慢慢开始习惯进入30天试验状态，而且能够让我们更加专心地去做这件事，让我们有更多的时间以及精力去完善巩固我们的习惯养成效果。

适用场景　Applicable scene

★ 在我们刚开始尝试培养某些好的习惯或者改正某些不好习惯时

如何使用　How to use

Tip1：我们首先需要在纸张或者笔记本上制订一个明确的目标。或许我们想改变或者培养的习惯有很多，但我们要先从中选择一个最切合实际的目标，然后明确我们想要达到的结果。比如"每天早起""经常锻炼"这些目标就不够明确，几点算早起，每天锻炼多长时间，这些都不够具体，如果换成"每天7点起床""每天坚持锻炼一小时"，这样效果就会更好。

Tip2：我们需要将制订好的这一个目标坚持一个月。好习惯的养成往往需要30天时间，只有这30天坚持下去，这个想要完成的目标或习惯才能根植于我们的大脑，从而成为一种自发自动的行为。所以，我们一定要设法激励自己熬过最初的30天，并且专注于这一个目标。

Tip3：找到一些培养好习惯的软件，这类软件一般可以通过设置闹钟提醒我们坚持做我们设定好的目标，同时我们可以把每天完成的情况以动态打卡的形式分享到自己的微信朋友圈，让身边的亲友见证我们的改变。这样做不仅能够激励我们，同时也会起到一定的督促作用。

Tip4：习惯的培养可能会经历反复和失败，我们需要在特定时间，例如，每日或每周，来总结回顾我们在这一时间段里的进展和遇到的问题，体验我们的收获。如果做得好，可以给自己一点小小的奖励；如果做得不好，就要找出原因，激励自己继续坚持，将精力集中于这一目标。

注意要点   Points for attention

* 习惯的培养并非一朝一夕能够完成，而是需要经历长时间的坚持和练习，这个过程既需要意志力，也离不开专注力。在习惯养成的初期，我们应当把更多的精力专注于一件事上，切勿贪多，把注意力集中在一个习惯的培养上更容易成功。

* 制订目标的时候一定要结合实际，不能盲目制订目标。如果目标过于难以实现，则会让自己在过程中出现抵触情绪，这样则不利于习惯的养成。

工具 67：始终如一

| 管理工具 | Management tool | ▶▶ |

始终如一是一种目标设立后，为行为进行规定的工具。我们在培养一个习惯的时候，要确保这个习惯每天都是一模一样的，如果前后不一致，这个习惯就不会很好的养成，从而离我们当初设立的目标越来越远，例如，冬天在很深的积雪里走相同的一条路，30天之后，我们就踩出了一条很深的路，走起来也更加容易一些。如果前后不一致，我们就会踩出很多条路，走起来也没那么容易了。当然，在这个过程中要做到所有细节都始终如一并不是太现实，但至少在完成目标养成习惯的这个过程中，我们要保证总体的方向是始终如一的，而不是三天两头地变换目标。

| 适用场景 | Applicable scene | ▶▶ |

★ 当我们设立一个目标或养成一个习惯，却因意志力不强常常半途而废时

★ 当我们个人或者团队设立的具体目标缺乏一致性，需要给自己或者团队设定一个相对硬性的规定时

| 如何使用 | How to use | ▶▶ |

Tip1：我们需要将个人或者团队的目标，或需要养成的习惯在工作提示板中罗列出来，作为未来一段时间内所有人的努力方向。并且在纸张上写出一些为了达到这个目标，每日所需

完成的工作内容，这个工作内容需要我们每日进行总结，掌握完成的情况并评估完成进度。

Tip2：我们需要改变自己的思维。要让我们设立的目标变得现实，而不是盲目地随便制订。我们每日或者每个阶段需要对内容进行复盘，看内容的实施是否可行，如果不切实际，我们就应当进行一些改变，而不是盲目的始终如一。

Tip3：我们制订目标的时候，需要尽可能全面思考，首先在脑海里想象一下可能面临的挫折，在脑海里思考一下挫折、失败的情况，以及如果遇到这些情况我们应当如何克服，克服的过程中我们会不会违背设立的这个始终如一的目标。

注意要点　　Points for attention ▶▶

＊我们需要确保自己的言行一致，并且消除消极思想。消极的想法会对意志力和一致性产生负面影响。当我们的想法消极时，我们不太可能保持始终如一。

＊我们没有办法一口气就把所有事都搞定，否则会更快崩溃，变得一致就更困难。我们应该逐渐让自己变得更好，而不是寻求一蹴而就的捷径。

＊我们需要设置特定的边界。有了界限，就能对自己该做什么、不该做什么有限定，会更容易保持一致，而不是仅有一个模糊的"我要始终如一"的想法。设立了边界，我们就能知道具体要如何以及何时完成某件事情。

＊学会反省。要保持一致，我们就应该知道自己什么时候没能达到之前设定的目标和标准，也要知道我们什么时候没能

坚持下去。

工具 68：齿轮理论

管理工具 Management tool ▶▶

在某些情况下，想要完成一个计划、一个目标并不是一件容易的事。我们不能期望一下子就养成我们为了完成计划、目标所建立的所有习惯。这个时候，我们就需要用到齿轮理论这一工具。我们可以像齿轮工作的原理一样，将一个简单的改变传递给另一个改变，使这样的改变作用逐渐扩大，使我们所做的这些改变或习惯朝着完成计划或目标这一方向行进。这样所达到的效果会更好，同时能够提高我们自身的效率。

适用场景 Applicable scene ▶▶

★ 当目标的实现和习惯的养成较为困难，根据自己的实际情况不能一次性完成时

★ 当我们养成的单个习惯无法对我们所制订的目标、计划以及预期产生直接帮助时

如何使用 How to use ▶▶

Tip1：**循序渐进**。比如，我们想要培养一个早起的习惯，如果我们现在起床的时间是7：30，那么把闹钟调到5：00有点太过突然。我们可以尝试着改到7：00或者6：30来开始第一个

30天试验期。一个月后，等这个习惯彻底养成，我们可以再尝试着改到6：00或6：15，通过这样循序渐进的方式来实现最终习惯的养成。

Tip2：转移注意力。比如，我们需要戒掉抽烟的习惯，但是往往由于自律能力较差，在一天里总是无法抑制地想要抽烟，那么我们可以在想要抽烟的时候给自己培养一个吃糖果或者通过其他方式转移注意力的习惯，通过这样的习惯增加戒烟30天习惯养成的成功率。

Tip3：将一个简单的改变传递给另一个改变。在纸张中央列出自己想要完成的目标或习惯，然后在它的周围罗列要完成这一目标或习惯所需要的一些条件，而且这些条件是完成目标或养成习惯所必须具备的，我们在符合或已经满足的条件上涂上颜色，目前无法达到的单独标识出来，然后继续在无法达到的条件上标明通过何种习惯能够完成这样的条件，那么我们只需要从最外围的条件开始逐步完成，就渐渐地能够影响到纸张最中间我们所需要完成的计划或目标。

注意要点　Points for attention　▶▶

* 在我们需要两个或两个以上习惯或条件来完成目标的时候，我们需要充分考虑条件、习惯的关联性，不能让两个条件毫无关系，这样就失去了这些条件、习惯相互作用对它带来的帮助。

* 当我们制订的某一计划目标，无法通过一个习惯的改变来完成的时候，我们可以把它分割成几个30天试验期，这样我们也会有更多的能量来完成了。

工具 69：建设性恶习

管理工具 Management tool

这是一个看字面意思相对抽象，但是实际非常实用的工作流方法工具。简单来说，每个人总有或多或少的不良习惯或者小毛病，我们统称为恶习，人们总在一味地追求改正所谓不好的习惯，可是回头却发现自己总是在改正的路上，改正和纠正占用了大量的时间，甚至制约了工作或者事情本来发展的进度。可是，未必所有的恶习都必须强制性改掉，因为与其纠正一个恶习让整个事情停顿下来，不如就让它成为对事态正常发展有促进作用的那个小瑕疵。正所谓做大事者不拘小节，这个小节或许是习惯，或许没有那么完美，但是宏观地看，也许这正是它不应该被取代的原因所在。这就是我们所说的建设性恶习。

适用场景 Applicable scene

★ 想了解自己，明白一些小习惯代表着什么，为什么会有这样的习惯

★ 因不良习惯事倍功半或影响他人时

如何使用 How to use

在使用建设恶习工具的时候，我们要注意：不是所有的恶习都可以作为建设性恶习的目标去调整优化，我们修正习惯的目的是改掉那些没有价值的恶习，具体应该怎么做呢？可以按照"明

确分析——划分任务——修正建设"的步骤来使用这个小工具。

Tip1：日常工作中、在图书馆或者家里看书的时候，你总习惯摁圆珠笔，发出"咔嗒咔嗒"的声音，办公室里的同事或者家人甚至图书馆的人，因为这个动作受到影响，你很想改正，但是这个习惯有助于你思考，那么我们就可以先进行"明确分析"：首先，这个习惯是否确实有助你的思考，甚至是否如果你手边没有笔，你可能都无法连贯地思考，是否这个小动作会帮助你更加快速地思考和集中精力。

Tip2：你需要"划分任务"，观察自己特别是在生产性工作期间，是否尤其需要这样的辅助，是否经常遇到需要思考的时候就会想找笔，这个简单的动作可否被替代。

Tip3：最后"修正建设"，我们已经明确你确实需要一个小动作帮助你延续思路，辅助你注意力的集中，而摁笔这个事情是对于你来说最能快速实现的方法，那么我们就换一只无声的笔，它摁起来也有"咔嗒"的感觉，可以让你注意力集中，但是不会影响他人，这样你建设并修正了一个小恶习，同时解决了你工作中难以思考集中的难题。整体来说，这个小动作无伤大雅，我们只是将其建设性地进行调整。能让你专注工作，那它就是值得的。

注意要点　　Points for attention　　▶▶

* 不是所有的恶习都值得建设性调整，有助于提高生产性的、有助于我们完成某项工作任务的，我们可以不抛弃它好的一面，但是要注意灵活变通，建设性恶习并不是我们坚持恶习的借口。

工具 70：互联网仪式

管理工具　Management tool　▶▶

用习惯来节省时间的一个办法就是培养互联网仪式。这个仪式是我们在处理日常的邮件、订阅、浏览网页、查看社交媒体或其他数字信息流时的程序。将它变成一个仪式，我们就可以避免接触很多互联网带来的极端无效的东西。例如，我们每天都要主动或被动地接收大量的信息，当我们在查看和处理这些信息的时候，我们应当对重要以及信息量大的内容进行优先处理，从最重要的信息开始接受及处理，到最后再慢慢地处理最不重要的。这样按照优先顺序进行信息处理，就算时间仓促，我们也不会遗漏掉对于我们来说最重要的信息。

适用场景　Applicable scene　▶▶

★ 面对很多琐碎事情焦头烂额毫无头绪时

★ 每日接收大量邮件，且很多是毫无意义的垃圾邮件时

★ 在生活或工作中需要随时调取相关生活物品或学习、工作资料时

如何使用　How to use　▶▶

Tip1：将日常需要处理的信息、事件先简单罗列在纸张上面，并对每一信息、事件进行客观评估，按照重要程度进行标注（利用1~9的数字进行标注，9为极为重要，1为极为不重要，

以此类推），然后按照重要程度开始处理相关信息、事件，优先处理9级，然后坚持30天，形成相应的互联网仪式。

Tip2：将学习、工作或其他相关资料分类存储于电脑中，并按照常用到不常用的顺序进行排列，优先将经常使用的资料放在前面或者文件夹的重要目录中，每日对重要的学习、工作资料进行查看。

注意要点 Points for attention

* 在建立互联网仪式的过程中，一定要将重要信息与非重要信息区分开，这样后期在互联网仪式建立以后，就能够正确及时地处理对自己有帮助的信息，从而提高学习、工作的效率。

* 在某一互联网仪式建立后，如果在处理信息或事情的过程中，发现这一互联网仪式的存在影响到了工作和学习，那么应当立即停止该互联网仪式，转而重新建立能够帮助我们提高工作和学习效率的互联网仪式。

工具71：用习惯做试验

管理工具 Management tool

我们需要用自己的某种习惯，来验证目前生活、学习或工作中所做的事物是否合理，是否效率最大化，是否对于自己更加适合。用习惯做实验，可以帮助我们在工作或学习中，找到更加适合自己或者更加正确的方式方法，从而提高我们的工作效率，增加我们的工作收益。

如果我们在经过一段时间的验证后，发现该习惯对于生活、工作或学习的帮助不大，或者拖延了相关内容的完成，那么我们就需要立刻进行相应的改变，做到及时止损。当然，并不一定所有为目的而进行的试验都一定正确，但只要对我们有一定的帮助，我们就可以继续下去。并且，在这个过程中所养成的习惯，有30%~50%会成为我们永久的习惯，对我们的工作、学习以及生活都能起到很好的帮助作用。

适用场景 Applicable scene

★ 对现有习惯和工作方式进行一个试验，试图评估之前所做是否正确合理时

★ 制订了一个较为长期的学习、生活或工作计划，然后按照制订内容着手进行时

★ 明确自己需要达到某些目标或养成某些永久习惯时

如何使用 How to use

Tip1：将学习、生活或工作计划制订好后，每日或每一阶段在笔记本中详细记录完成情况，并且说明完成后的效果，当30天及30天以上养成习惯后，对照分析目前的结果是否符合预期，是否与预期效果差距明显。

Tip2：我们必须严格按照30天或30天以上养成习惯的步骤来进行验证，确实做到每日都做相同事情，直到习惯养成，并

对最终结果产生影响。

Tip3：当最终试验结果达到预期效果，那么我们就要尽量将该过程中养成的习惯转化为永久的习惯。

注意要点　　Points for attention ▶▶ ◉

＊在该过程中，我们应当在完成习惯后及时进行验证和评估，如果结果是有效的，那么我们就继续保持，若对结果不满意，那么我们就需要及时转变习惯，从而找出正确合适的方法。

＊在过程中需要遵循一定的原则，例如，自身对照原则，即将本次养成习惯与之前或之后的养成习惯进行对照。

＊另外就是科学性原则，一定要明确试验目的和要达到的效果，确定试验思路，合理地设计养成习惯的试验全过程。

远离效率黑洞

第6章
CHAPTER 6

工具 72：80/20 法则

| 管理工具 | Management tool ▶▶ |

80/20法则就是大家熟悉的二八法则，它最早由意大利经济学家维尔弗雷多·帕累托提出，他研究了意大利社会财富分配后得出："20%的人口掌握了80%的社会财富。"

后来朱兰博士在管理学中采纳了该思想，他认为在任何情况下，事物的主要结果都只取决于一小部分，也就是那20%的因素，而剩余的80%尽管是多数，但它的重要程度是次要的，大量的实践表明，在大部分情况下，该法则对于指导开展管理活动非常有帮助。

| 适用场景 | Applicable scene ▶▶ |

★ 在解决问题的过程中，确定应该重点管理的方面时

| 如何使用 | How to use ▶▶ |

Tip1：分析学习、生活或工作中最重要的活动。这一步至关重要。每份工作都有重要程度较高的几个任务，比如，对于销售来说，最重要的活动通常是研究市场前景、会见客户和提出改进建议等。我们需要为自己创建一个最重要任务清单，上面列3~4个相对重要且紧迫的任务。最好的方法是：首先写下我们负责的所有任务；然后思考，在这些任务中，如果我们每天只能执行一项任务，我们应该选哪一项。

Tip2：分析我们在这些任务上花费的时间。在我们列出最重要的活动之后，要分析我们花在这些任务上的时间。然后看看重要的任务以及其他任务各自所用的时间，以及分析为什么这些任务用了这些时间，然后做出客观的总结。

Tip3：在日程表上安排这些任务。最重要的任务应该主导我们的日历。我们要把这些任务安排在日程表上，重新规划我们的日常生活，以确保我们把大部分时间都花在了这些任务上，而且要把它们和不那么重要的任务穿插着安排。这有助于确保我们专注于最重要的那些任务，同时，交替做最重要和不那么重要的任务，可以尽可能地避免单调。

Tip4：对这些任务进行追踪及修订。安排并不意味着行动，我们需要定期检查自己对时间的使用情况，确保自己确实在最重要的任务上花了预定的时间。如果我们做的与日程表上的预期不符，就需要根据实际情况重新调整计划和任务。最终，通过几周、几个月的统计、回顾和调整，我们会找到自己最佳的计划，它是一张重点事项突出、最适合我们的时间表。

注意要点　　Points for attention ▶▶

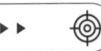

* 二八定律肯定不是存在于任何事物当中的，它有个前提条件，即事物达到一定的体量，它才会应验。

* 二八定律是统计学的概率，不是行为学的概率，所以并不是按照二八定律行事就一定能获得成功，而是应学会审时度势，随时依据社会变化和发展，改变工作的策略。

工具 73：ABC 控制法

管理工具 — Management tool

ABC控制法是指根据事物在技术或经济上的主要特征，理清事物的重点部分和一般部分，识别出少数对事物起重要作用的关键因素和影响较小的一般因素，为了方便管理再根据分析的特征将它们分类成ABC类。这种方法的特点是既能集中精力抓住事物的重要因素，又能兼顾事物的一般因素，从而根据类别分配资源，做到用最少的人力、物力、财力，实现最好的结果。

适用场景 — Applicable scene

★ 多项工作同时进行，工作节奏被打乱时
★ 无法将所有工作进行系统化分类时

如何使用 — How to use

Tip1：A类事项是有助于达成目标的事

判断此类事件的标志是找出那些必须做的事情。比如，一名销售想要完成更多的销售业绩，增加成交量，他要做的事情就是开拓市场、寻找客户、接触客户，开拓市场就是有助于销售员达成目标的事。这类事是指那些必须在短时间内完成的事。

如果销售员没有完成销售目标，就会遭受到公司的惩罚，工资下降,这样的工作结果会令销售人员感到难过。由此可见,A类事项是需要高强的执行力且相当追求结果的事项。

Tip2:B类事项是指对达成目标有帮助的事项

它的特点是时间不紧急而且并不是最直接产生效果的事项。比如,已经刚成交过的客户约销售员逛街,在客户关系管理中,维护客户关系相当重要,老客户很有可能会介绍新客户资源,也有可能是老客户再次成交,所以它是对目标有帮助的事,当然也有可能是老客户需要陪伴而已。此类事件最大的特点是做了说不定有帮助,但是不做也行。

Tip3:C类事项是指对达成目标没有影响的事项

此类事物是指那些可以做,但是价值相对较低,或者可以完全授权给别人去做的事项,比如,销售员的销售数据表格整理,这对成交并没有直接的影响,完全可以请别人代做。该事项在时间上可以推迟,且不会造成严重的后果。比如,下班后和同事逛街、吃饭、看电影等日常休闲活动,可以被视为和工作目标无关的事。时间上不紧张,可以改日更空闲的时候再约。

注意要点 Points for attention ▶▶

* ABC管理法则需要用辩证的眼光看,对于个人生活或者管理者来说,ABC管理法则对判断做某件事是否对自身的目标起到积极的影响有帮助,但是对于组织来说,个人目标和组织目标有的时候会有冲突,这时候目标容易混淆,行为对哪项目标有用相对不好判断。

＊ABC三类事项并不是一成不变的，三类事项可以随着事件的紧急程度或者目标的改变而随意转换，使用者需要灵活变通，随时调整执行计划。

工具74：3分钟电话原则

管理工具 Management tool

3分钟电话原则是指拨打别人的电话时，要有意识地将通话时间控制在3分钟以内，宁短勿长。接通别人电话的通话时长也控制在3分钟内，避免浪费时间，从而影响工作效率。

同理，在时间管理中则分两种情况，一是，当迟迟无法进入工作状态时，预设3分钟开始工作，要有意识地控制自己。二是，在短时间内化繁为简，将重要紧急的事件先完成。当手头上有其他工作时，突然有临时任务，如果确定在3分钟以内可以完成，就可以中断手头任务优先完成临时任务。

适用场景 Applicable scene

★ 工作场合下接打电话时

如何使用 How to use

《内在动机》一书中有一句话："内在动机的关键是人们希望成为自己行为的本源，而不是外部力量操纵的棋子。"

预设3分钟机制的动机是把操纵的自主权拿回手里，而不是任由外部事物，如手机带来的多巴胺带领我们活动。

大卫是一家销售公司经理，每天有固定的工作，还有大量的临时小任务，接下来我们来看看他是怎样运用3分钟原则的。

到达公司，他有忍不住刷手机的行为，因此他有意识地停下刷手机的动作，试图告诉自己坚持工作3分钟，按计划行事。

秉承先完成再完美的工作原则，他控制自己先做3分钟工作再停止，紧接着又预设坚持5分钟。就这样不断地改变预设工作停止时间，不知不觉中提升自己的工作状态，拒绝时光偷偷流逝。

大卫忙碌时经常接到领导的电话，询问工作进度。而大卫总是能让自己在3分钟内汇报完毕，这是他引以为豪的能力。

又遇到下属汇报工作，下属的汇报进度无法预测，大卫作为领导要主动把控节奏，把下属的汇报认真听完后，把反馈的时间控制在自己方便的时间范围内，既让下属感觉受到了重视，又不影响工作进程。

大量的工作都需要长时间完成，领导的电话和下属汇报工作属于无法预测的突发性事件，执行计划时常要应对这样的情况。

通话3分钟原则是迅速开展行动不拖延的方式，也是对突发事件速战速决时有效的时间管理工具。

注意要点　　Points for attention

* 3分钟原则，并不是局限于3分钟，某些突发事件如果无法在3分钟内完成，可以适当地延长时间，以符合现实解决时间的境况。

＊3分钟原则的执行要求执行者头脑清晰且效率高,对某一件突发事件的反应速度快,刚开始使用这个原则的人或许达不到3分钟完成的效果,只需要多次训练即可。

工具 75：被逼出来的生产效率

管理工具　Management tool

生产效率的定义是单位时间内的有效产出。科学家认为,提高生产效率的方式有两种,一是缩短生产时间,二是提高单位时间内产品的产量。运用到时间管理上,短时间内有质量、有效率地完成要做的事,就是个人的生产效率。

适用场景　Applicable scene

★ 因工作效率低无法在规定时限内完成工作时

如何使用　How to use

被逼出来的生产效率可以从两个方向努力,一个方向是了解哪些方法是真正有利于让自己向目标靠拢的事。

比如,能提高工作效率的技巧。如果在完成任务之前先把事件逻辑通篇梳理清楚,返工的可能性就更低,这点在写工作计划、写工作总结、思考做事的方向上都尤为重要。

第 6 章
远离效率黑洞

提高生产效率的另一个方向是增加做同一件事的量。这方面有两个表现，一个是熟能生巧，把不熟悉东西变得熟悉，需要时间大量地练习。

雷军曾在"给程序员的几点建议"这篇文章中说过，程序员必须写够十万行的代码才有可能成为代码高手。

雷军本人在大学两年内完成了四年大学计算机的课程，又紧接着写各种加密软件，这说明雷军在大学期间，一直坚持简单、专注、持久地练习写代码，他写的杀毒软件"免疫90"创下了3个月内卖出一万多套的战绩。长时间高效坚持做某一件事，量变引起质变，能让效果爆发式地增长。

另一个表现方式是短时间内能做出平时做不到的数量。俗话说"有压力才有动力"，财务从业者月底最后的几天总是忙碌，因为他们必须要在月底的最后一天完成当月所有的账务处理，所以工作状态必须是高速运转，这几天完成的工作量是平时轻松日子的好几倍。

他们能在短时间内聚焦全部的精力和注意力，是因为他们工作有明确的目标，集中的精力和公司给的高压逼出了他们的生产效率。

保持专注，集中精力一心一意地完成工作任务，这就是提升工作效率的重中之重。

我们也可以模仿这样的生产方式，规定好某一段时间必须完成某一件事，在那一段时间关门闭户，做任何事情都要为达成目的而服务。

逼出来的生产效率讲究一定的方式，重点是抓住提高效率的关键,保持专注和熟能生巧。

注意要点 Points for attention

* 高压下,人的生产效率确实可以提高,但是人长期处于高压之下容易产生心理疾病,甚至出现身体健康问题。

* 长期处于逼自己的状态,人会产生疲倦感,反而效果适得其反,要根据个人的情况执行。

工具 76:外包

管理工具 Management tool

外包指的是企业为了减少开支,将一些不太核心的工作委托其他机构帮忙处理,比如,客服外包、人力外包等。

外包是一种流行的新趋势,因为它彻底改变了生产效率的本质。你可以用外包来避免做一些单位时间价值低的工作,同时外包让你更加专注于自己的优势。如果获得其他资源的成本远远低于时间成本,就可以采用外包的方式去交换别人的时间。

适用场景 Applicable scene

★ 项目需要在短时间内完成

★ 需要专业人员与资源支持

如何使用　How to use ▶▶

Tip1：考虑是否需要外包

一件事情需要找人外包，无非两个原因。一是自己搞不定，必须请人，花大价钱也得请。比如，现在的人办婚礼，婚宴外包给酒店，婚礼设计外包给婚庆公司，婚纱照直接去摄影工作室里拍，以上都是花钱买自己搞不定的服务。二是自己做不划算，不如外包。例如，耐克等公司的基本业务链完全外包，业务核心则是做营销与品牌。耐克这么做，是因为核算过成本，自己做不如外包给别人做。

Tip2：用老板的思维计算成本

如果获得其他资源的成本耗费远远低于时间成本，就可以用这种资源去交换别人的时间。

假设有一个设计师，税后月薪5000元，一个月工作22天，每天8小时。按照时薪公式，他给自己计算收入时，很可能是28.4元/小时。

但是站在老板的角度，一个员工干满一年，即便用很低的成本核算，算上员工的五险一金和占用的办公资源的成本绝对不低于8000元。如果这个员工消极怠工，工作不出业绩，给团队带来负面情绪或者工作出错，成本只会更高。所以在老板眼里，按一个月8000元来计算这个员工的时薪，按同样的公式，计算结果是8000÷22÷8=45元。

由于买的是工作量，没有工作量的时候完全可以不用购买，那么按一个小时50元，找到一个靠谱的外包方，只要这个人每小时创造的价值超过50元，老板肯定是愿意考虑的。

按照这种老板思维，我们可以再计算一遍自己过去以为的时薪和真实用工成本，再想一想当把外包后节约出来的时间用去做别的事情，赚到的回报能否超过自己的真实用工成本。如果答案是赚到了，就可以考虑外包的可能性。

| 注意要点 | Points for attention ▶▶ |

* 需要注意的是，按老板思维计算的成本，是一件事情在市场上的真实成本。只要有机会找到低于这个真实成本的外包，就是不亏本的。普通人是打工思维，计算成本只会计算显性成本，忽略了大量隐性成本，导致在有合理的成本可以外包时，他选择了自己做，而不是外包。

工具 77：双流理论

| 管理工具 | Management tool ▶▶ |

双流理论指的是两方面分开的活动，一是收集素材，二是创造性输出。

创作作品时，创作人对素材要有全面的了解以及理性的判断，收集到的素材需要作者进行筛选，作品既要体现出素材内容，又要体现作者的个人思想，进行创造性的输出。收集素材往往追求数量，而创作作品需要时间，同时做这两项工作时，它们的关系是互相抵消的。当想要又好又快地输出时，我们可通过分解这两个过程来缩短创作的时间。

适用场景 Applicable scene

★ 创作作品的时候

如何使用 How to use

Tip1：将不同的内容按照步骤分开

职场新人戴维创作PPT的时候，总是喜欢一边收集素材一边编写，于是经常遇到"卡壳"的现象，而且制作简单的PPT总是要花费大量的时间，细节方面还总是出错，每次完成的PPT都会被领导批评。

这种情况用双流理论解释为："创造的任务和提炼的任务需要两种截然不同的心境，前者必须是自信、热情、有表现力的；后者则需要缄默、挑剔甚至有所限制，当我们同时进行时，两种工作互相抵消，从而弱化了工作能力。"因此，要将不同的工作内容按照步骤分开，以免互相干扰。

Tip2：某段时间内专注做某一项内容

科学家研究表明，人类的大脑一次只能专注于一件事情，如果还想同时做别的事情，大脑运转可能会迟缓。因为大脑的前额皮层无法即时转移关注点，这会造成短暂的时间偏差，因此做一件事情的同时又想去做另一件事的时候，常常会愣一下，这就是典型的无法快速转换注意力的体现。

因此，从事创作型工作的时候，根据人完成不同事物的心理特征，和完成事物所需的技能，应在特定的时间只专心做某一件事，这样有助于高效率、高质量完成作品。

> **注意要点**　　Points for attention　　▶▶

＊双流的工作方式不适用所有工作，它比较适合部分创作型工作，有些工作需要手和脑同时进行，比如，餐饮的制作，就是需要一边烹饪一边放各种调料。

＊好的业务员商务谈判时要眼观六路，耳听八方，手脚大脑同时在线协调。大脑既要保证自己嘴巴不乱，也要判断客人真正想要表达的意思。

＊一次只做一件事，专注力、效率双高，但也不能因此而断定所有的事情都能在一天内完成，有些作品必须花时间打磨。双流工作模式不是灵丹妙药，不能拯救所有的工作拖延患者。

工具 78：批量处理

> **管理工具**　　Management tool　　▶▶

什么是批量处理？最早是指电脑文档利用一些脚本文件，使文档软件快速执行重复的动作。后来衍生为相似的任务在同一时间处理的工作方式。它省去了工作开始阶段和减速阶段的耗时，长时间地处理相似的任务，会让人保持稳定的心境，从而提高效率。

适用场景 Applicable scene

★ 相似的工作任务堆积的时候

如何使用 How to use

Tip1：不让多个任务并行

尽一切可能减少切换工作的次数，不让多个不同类型的任务并行，以免吞没单个任务的时间。

假设做一份重要的报告，它是一件需要动用脑力和大量精力的事情，有效的解决办法是安排足够的精力和时间去完成它。如果所需的时间实在太长，无法一次性产生结果，就需要将它切割成几个完整的部分。可分解为某段时间内确定报告的思路框架，另一部分时间准备素材等，直到按时完成报告。

Tip2：把密切相关的任务归类统一处理

任务的相关性越强，切换工作任务的代价就越小，越能减少脑力的消耗。有条理地将工作任务和生活内容分开是很必要的，它们属于不同的领域，如果任务总是在两个不同领域间来回切换，你就会犯下不计其数的小错误，造成手忙脚乱的场面。

Tip3：灵活安排毫不相关的小任务

主要有两个解决办法，一是选择时间统一处理，接受任务时，顺手标注出任务最后完成的日期，再将它们集合起来统一时间处理。例如，多封不同的邮件，统一将它划分在30分钟内完成。二是，将琐碎的任务丢给其他人。如接孩子放学，你可能因没有时间接孩子而内心倍感压力，但如果将接孩子这项任务交给孩子的爷爷奶奶呢？

> **注意要点** Points for attention ▶▶

* 批量处理是一种系统化的工作方式，它的工作效率高于零碎松散的工作方法。批量处理工作时，不能保证同类型的工作都能在某段时间内收集到，平常工作的下发都是零散且无条理的，需要人为经过简单的处理，分类管理再实行批量处理。

⚙ 工具 79：避免接触懒惰的人

> **管理工具** Management tool ▶▶

懒惰分为行为懒惰和思想懒惰。有的人只是行为懒惰，有的人只是思想懒惰但行为不懒惰，有的人两者兼有。懒惰的人，往往有混乱的生活环境，学习工作得过且过，更有甚者还会嘲笑努力工作学习的同伴，这类人不断影响周边人的心境，随时打击别人上进的进取心，因此当身边出现懒惰的人时，要尽量远离。

> **适用场景** Applicable scene ▶▶

★ 身边有懒人出现影响工作效率，或担心养成不好的行为习惯时

如何使用　How to use

Tip1：在物理距离上远离懒惰者

态度是会传染的。如果整天跟你在一起的人生产效率不高，他们的坏习惯也会影响到你。因此，应尽量避开懒惰者，多接触做事效率高的人，从他们身上学习你不具备的技能，潜移默化地培养与他们相同的做事风格和习惯。

Tip2：与志同道合者为伍

在工作和生活中，那些与你志同道合的朋友和同事，他们不是你的竞争对手，而是你的财富。他们朝着目标努力的态度不仅会传染给你，在你遇到无法克服的困难时，他们还可以给你一些支撑。

Tip3：结交有好习惯的朋友

如果你想培养自己某一方面的好习惯，就可以多和拥有这些好习惯的人交朋友，向他们看齐。比如，你想养成锻炼的习惯，可以多结交喜爱健身的人，跟他们一起去游泳、跑步或者去健身房锻炼；假如你想养成阅读的习惯，可以加入某个读书会，经常和书友一起交流阅读心得。如果你坚持这样做，一段时间后，你再回过头看自己，会惊讶于自己的改变。

注意要点　Points for attention

*当生活中遇到懒惰的人时，选择不与之为伍即可，无须指责和改变别人的行为。如果对方的行为没有干扰到我们的工作和生活，那我们就要忍住对他们指手画脚的冲动，否则会引起他人的反感。

工具80：信息节食

管理工具 — Management tool

注意力是有限的资源，选择性注意对保持高的生产效率很有必要。选择性注意就是要完全忽略某些信息流，并且严格限制另外的一些。注意，任何一个不能有利于你行动的信息流都是在浪费时间。

适用场景 — Applicable scene

★ 接受太多信息而感到焦虑的时候

如何使用 — How to use

Tip1：关掉那些对你没有用的信息流

各种软件的消息提醒是破坏年轻人专注力的元凶之一，它总是能轻松地将人的注意力转移到它们推送的广告内容上，导致工作中的人效率低下。对于那些不能导致你直接进行行动且毫无价值的信息，立即进行删减才是明智之举。

Tip2：精简那些你不经常浏览的信息流

接收的网络信息要尽量精简一些，要有意识地减少接受碎片化信息，将不常用的手机APP删除，减少微博、知乎的关注人数，只留下那些自己真正需要获取信息的关注人，关掉各种账号的信息推送等，同时尝试在某个时间段内专注做好一件事。

注意要点 Points for attention ▶▶

＊过多的信息堵塞有诸多坏处,但我们不能因噎废食,只要合理控制信息的推送,并且擅长从信息库中挑选有价值的内容,丰富的信息就能对大家的生活起到积极作用。

工具81:寻找指数报酬

管理工具 Management tool ▶▶

将一张纸折成一半的大小,厚度变成原来的2倍,再折成一半厚度是原来的4倍,再重复一次,厚度是原来的8倍,假设一直不断重复折这张纸50次,纸张的厚度将是地球到太阳的距离。这便是指数报酬最好的体现,指数即数学中的幂,也可以理解为复利,专注指数报酬高的事情可以让工作事半功倍。

适用场景 Applicable scene ▶▶

★ 迷茫,不知从何开始,工作收获甚微的时候

如何使用 How to use ▶▶

Tip1:保持专注

获得指数报酬的前提是提高专注力,专注就是指一种心无杂念,一心一意想着正在做的事情的状态。当进入专注的状态,你就会开启大脑,慢慢进入深度思考。当我们能专注地做

好当下的每一件小事，我们就能屏弃杂念，做事情的效果自然成倍增加。

比如，睡觉的时候，专注于一呼一吸，脑袋放空，既不幻想将来，也不懊悔过去，入睡的时间变得更短，睡眠的质量更高。又比如，学习英语的时候，关闭手机，收起电脑，准备学习资料、纸、笔，认真记单词，读文章……整个过程漫长，实则安静且有收获。

Tip2：刻意练习

指数报酬的实现还依靠勤奋练习。冰冻三尺非一日之寒，勤奋的关键是日复一日的练习，成果是勤奋的点滴积累。

勤奋的结果并非一日能达成，要学会计划时间，规定一周之内某件事要达到什么样的效果。比如，练习五笔打字，设立三天时间背字根、两天时间学习电脑指法……一直这样设立学习目标，直到真正掌握五笔盲打。掌握每一个阶段进步成果，不断地调整计划，才有可能收获成倍的结果。

指数报酬的获得，需要目标专一，勤奋练习才能收获果实。

注意要点　Points for attention ▶▶

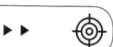

＊追求指数报酬就是专注地做好一件事，实现好的工作效果。工作需要花时间和精力，好的身体是革命的本钱，做任何事情都要保证自己身体健康，这样才能有好的精神状态工作。

＊日复一日的工作难免会产生枯燥无聊的情绪，保持思维敏捷，平时要加强脑力训练，学习一门可以让自己放松的技能或是多参加户外运动，都可以有效保持大脑的活力。

工具 82：速读

> **管理工具** Management tool ▶▶

速读即快速阅读，根据阅读内容的差异，自由加快或减缓阅读速度，不仅有利于对内容的理解，还能提高效率。大量训练速读技巧，可帮助我们达到这样的效果。

> **适用场景** Applicable scene ▶▶

★ 阅读时

> **如何使用** How to use ▶▶

速读是一个需要反复训练的时间管理技巧，可以尝试从以下的几个方法开始训练。

Tip1：训练速读，减少默读

首先区分速读和默读，速读是指无声阅读，看到文字直接将内容反映到大脑中，没有发音的过程。速读过程是眼睛阅读——大脑理解。有人说"我默读的时候也没有声音啊"，即使默读的时候没有发出明确的声音，我们的声带、舌头，甚至是嘴唇仍然是在做发出声音的小幅度运动。实际上，默读的过程是眼睛阅读——心里音读——大脑理解。

训练速读时，可以往嘴唇上抹牙膏，只要一动嘴唇你就会吃到牙膏，或是不要让舌头有闲置的机会，比如嘴巴嚼口香糖等，这些方法可以很好地训练速读技巧。

Tip2：用手指做视觉引导

阅读的时候将手指放在阅读材料内容每行的下面，移动食指引导视线，移动的速度比平时默读的速度要稍微快些，速度的快慢要多次尝试，直到找出适合自己的速度。

Tip3：先整体再局部

拿到资料先粗略地看内容的长短，内容一目十行地扫读，在快速的扫视中获得对资料的整体印象，如果资料值得一读，就在资料当中试着寻找关键词。这种方法可帮助大家更快速地抓住资料表达的意思。

Tip4：跳读

跳过一些无关紧要的部分而直接读取关键部分的内容，这种方法是有取舍地跳跃式前进，可以很快地抓住资料的主旨，比如，主要看文章的小标题，或者他人特地标红的地方。

总之，速读技能的获得需要反复练习，只要训练得当，就能拥有扫描仪般的眼睛和复印机般的大脑。

注意要点　Points for attention ▶▶ ◉

＊速读是要减少默读，但是不能完全消灭默读，一味去控制音读，既影响阅读体验，也有可能会造成阅读障碍。如果只是单纯图快，看了不能理解内容，其实是在做无用功，有些情况适合默读，比如读诗，读名著经典片段时，默读能加深对内容的理解。

＊速读的速度不能与消化更多的知识划等号，在工作场合，大量速读可以提高工作效率，日常看名著经典时，大部分的内容

并不是阅读速度越快,理解越多越深刻,经典更多适合品读。

＊速读和默读应分场合使用,比如,在家读文章就可以好好地默读品读,工作场合有很多不太重要的资料可以速读,重要的部分可以默读精读。我们要自己掌握哪种方式在哪种场合更适合,灵活运用。

工具 83:工作地图

管理工具 Management tool

工作地图是个人或团队在工作中,为了更好、更快、更加有效地完成相应的工作,从而将工作中各方面的条件、因素、最终结果目标等以图形方式进行呈现的一种方法。

这种方法可以直观展示个人或者团队工作的简单情况,促使我们提出相应问题,进而思考我们在工作中是如何分配时间的,我们在哪些不应该投入大量时间的地方投入了大量时间,在哪些地方投入的时间简单又有效;另外,我们想从别人那里得到什么,别人又想从我们这里得到什么;最终,我们通过工作地图的图形呈现,来让工作更加效率化,从而节省更多的时间。

适用场景 Applicable scene

★ 在制订个人工作、学习计划的时候

★ 在团队开展协同工作,协调各方关系、整理工作相关步骤的时候

如何使用　How to use

Tip1：将个人或团队写在纸张中央，并用圆圈圈出。另外将所有与该工作相关的人或团队，例如，你的老板、你的直接下属、你的主要客户以及其他人写在中心圆圈之外，每一个名字都用圆圈圈住。考虑相关人员与你之间的关系，例如，他们对你的要求，或者他们对工作的期望，你需要给他们提供的内容，等等。需要注意的是，如果数个个人或团队对你的要求完全相同，可以将他们的名字写在同一个圆圈中。如果他们对你的期望有所差异，即便差异细微，也要分开写在不同的圆圈内。

Tip2：把中心的圆圈与周围的每一个圆圈用尺子画线连接，最后形成图形。在连接中心圆圈与周围圆圈的线条上，简单标注双方之间的关系或利益关系。另外，在相关利益者与中心的连线上，再简要写明相关利益者对自己的期待，或你对对方的期待。

Tip3：图形呈现后，考虑你把大部分的工作时间花在了哪些地方。对于占用了你大部分工作时间的利益相关者的圆圈，用其他颜色的彩笔描出或重点标注。这样你就可以大致了解自己的时间是如何分配的，进而根据结果或其他因素来判断付出的时间是否合理，是否可以对该工作内容进行时间优化，从而提高工作效率。

注意要点　Points for attention

＊呈现工作地图时，一定要明确相关人员，尽可能详细地把相关人员进行归纳罗列。

＊在整理与相关利益人员的关系、诉求以及期待时，要鼓

起勇气，与利益相关者展开充分必要的对话，探讨对彼此的诉求及期望。尽可能地将内容简要呈现在工作地图中。

*在有些工作中，你常常以某一种方式去处理或进行，但在做新的工作时，切记不要固执己见，不能仅仅因为自己一直这样做而盲目开展，需要重新评估新的工作内容，从而以正确的方式开展工作。

工具84：减少被打扰

管理工具 Management tool

我们生活在一个错综复杂的环境中，工作不再是一个人的事情，总会与其他人进行合作与共处。这就避免不了要与其他人接触，工作时间被打扰是常有的。当自己沉浸在工作状态中时，领导突然给你指派新的任务，下属过来汇报工作，客户突然造访等事件随时都可能干扰你。在日常工作中，设法减少频繁被打断的概率，让自己保持专注并高效地工作就显得十分重要。

适用场景 Applicable scene

★经常被打扰，无法集中精力工作时

如何使用 How to use

Tip1：应对来自上级的干扰

与上级一起制订你的工作计划和日程表，让他清楚你的工作安排，这样就可以减少被打扰的机会。注意定期向你的领导汇报工作进度，主动询问有无工作安排给你，如果有，就可以将它列入到你的工作计划表中去。

Tip2：处理来自下级的干扰

与下属沟通时，注意要观点鲜明，态度明确，以免下属产生疑问，回过头再反复请示你。布置任务时，要求下属准备一个备忘录，将需要完成的事情以及注意事项都记在备忘录上，有问题时看看备忘录，如果还有疑问再请示。适当地赋予下属权力，既可以锻炼他们的工作能力，还能减少被打扰，让自己能更专注地处理手头的工作。

Tip3：来自来访者的干扰

尽量控制好谈话的时间，交谈时注意引导双方的话题方向，以免话题跑到一些没意义的事情上去。如果你感觉双方的谈话已没有再进行下去的必要了，就可以采用一些暗示性或总结性的话语结束你们之间的谈话；在你们谈话之前，可请别人到了预计时间谈话还没结束时进来告诉你外面还有人在等。

总之，类似的方法和技巧还有很多，平时要多注意摸索和总结。

注意要点　Points for attention

* 如果可以，每天固定一个时间，集中处理来自下属的问题，这样比随时给出批示要省时省力得多。

* 如要你确实在完成一件重要且紧急的任务，不愿意被人打扰，可以请示领导后，去找一个公司以外的相对安静的场所，这在无形中也减少了被干扰的可能。

⚙ 工具 85：给所有东西规定放置的地方

管理工具 | Management tool ▶▶

给所有东西规定放置的地方，进而培养出条理性，这对于现有工作的进行以及未来工作的开展都有着极为重要的帮助，它可以减少记住所有事情所需要的脑力。如果你没有一个系统让所有事情都井井有条，你就需要用脑子把这些都记住。然而，我们的大脑在某些特定的时刻并非那么可靠。这时候，给所有东西规定放置的地方就起到了极为重要的作用。

适用场景 | Applicable scene ▶▶

★ 办公环境太乱，无法安心工作时
★ 常常因寻找某样办公物品耽误工作进度时

如何使用 | How to use ▶▶

Tip1：要做到有条理，关键一点是给每个东西规定一个放置的地方。家里的每一个物品都应该放在该放的地方。每一项任务、事情和项目都应该在你的系统里有一席之地，等待着你来处理。混乱就是由一些无处放置的东西不断堆放引起的。

一旦你的屋子有一些类别模糊不清的东西不能被快速地收置起来，屋子就会混乱。

Tip2：有些东西不能被明确地归为某一类，有两个方法可以解决这个问题。如果你觉得这个东西不经常出现，你可以把它放在相关类别里面。如果它时常新增，那就找另外一个地方放起来。如果你会收到很多银行账单，你就可以建立一个全新的以"银行"命名的文件夹，这个文件夹可以放许多类似的文件。

Tip3：你的任务和工作需要安排妥当。一个知道如何处理待办事项的有组织的系统、日历和计划会帮助我们减轻许多压力。当我们的组织系统把一切事情都安排得妥妥当当的时候，你完全可以专注工作，不用随时记住接下来要做什么。

Tip4：除了以上这些，还有很重要的一点是，一旦形成这样的一些相关机制，我们就需要通过我们自身来养成相应的习惯，让我们的身体以及大脑形成"记忆"，从而遇到类似或者其他事物，也能第一时间对物品进行归位，对行为进行归纳整理。

注意要点　Points for attention ▶▶

条理性是一个系统，要想有条理，你可以：

* 把新的东西放在该放的地方——包括无形的东西，比如任务和重要的信息。

* 找到你需要的东西不能花费太长时间——花几小时找一个东西就是没有条理性的标志。

第一次就把事情做对

第 7 章
CHAPTER 7

工具 86：知道你想要什么

管理工具　Management tool

从小到大，你是不是都是被推着走、赶着走的？一路从上学到工作，你糊里糊涂地成为了现在的样子，也许你说：小时候妈妈爸爸让我做的，那我就去做；长大后工作了，领导让我做的我就去做；甚至买东西的时候明明你不需要，但商家大促销，打折便宜，你又多买了很多堆起来……你在盲从，从这个时候开始，你就应该反省，你需要知道自己想要什么。无论是在工作中还是在管理中，明确自己想要的东西是重点中的重点，这是所有事情开始的前提，也会让你更有目标和方向，甚至可以让你在工作中明白错误的方法和正确的方法的区别，不至于一项工作开始后没有搞清楚自己或者领导想要什么，越做多越做错，把自己搞得疲惫不堪，结果却差强人意甚至以失败告终。

适用场景　Applicable scene

★ 思考某个问题已经有一段时间，并且难以找到解决方案时

如何使用　How to use

Tip1：创造独处的空间，多思考，多与自己对话，明确为什么要做这件事情。

无论是生活中某个阶段性项目，还是某个具体的任务，工作开始前我们都应给自己一个独处的机会，远离外界纷扰的

声音，与自己对话：我是谁？我为什么要做这个事情？我想要什么？我能做什么？我需要什么？让这五个问题都有清晰的答案。花时间搞清楚比盲目开始更高效。

Tip2：坦诚相对，不要自我欺骗，找到核心需求。

回答自己，完成这项事情我能获得什么？知道自己想要达成的核心目的是什么，接下来建议列出三个要点：

① 自己明确必需的、刚需的；

② 为了促使自己的工作或者生活进步或改善的；

③ 为了其他。

当你强制地将这个核心需求分配后，如果你的答案是前两项，那么你可以搞清楚这个事情的重要性和轻重等级，如果是为了其他，那么你可以轻装上阵，毕竟这个事情的核心不是解决自己的刚需问题，也并不会因为多了这个事情提升任何东西。举一个生活中简单的例子，比如你遇到了商场打折，很多商品买一送三，但是这个所要买的东西不是你的刚需，送的东西更是可有可无，只是便宜，那么它一定不是你的核心需求。

Tip3：找到这个事情本身的主要目标和次要目标。

比如你发明了一款产品，是一款多功能的扫地机，这个产品主要目标就是帮助客户节约清洁时间，同时通过销售获得利润，次要目标是给智能家居产业带来创新价值，获得行业家居奖，那么你的整个创造、生产以及销售的流程就需要你明确卖点，这个时候，你工作的重点就清晰可见了。

注意要点 Points for attention

＊当目标和结果不清晰的时候，人往往是盲目的，在管理中是这样，在生活中亦如此，尝试找到自己想要之物的过程就是走向独立的过程，也是我们明白自己目标的过程，更是走出舒适圈挑战自己的过程。清晰每个任务和阶段开始的目标，才能明白自己想要什么。

工具 87：将计划和实施分开

管理工具 Management tool

将计划和实施分开，实际是泰罗在组织管理中分权思想的延伸。一般意义上，计划和实施是某项工作或者事情相辅相成的两个重要组成部分，有创造力的、具有前瞻性的计划往往会将项目的进程加快很多，在大方向的把控下形成专业细分，各环节层层把控，逐步落在实施执行上，从而决定了项目或者工作的成败。但是，另一方面，如果过度制订计划，死板的节奏会导致项目进度滞缓，甚至陷入停止状态。对于这个问题，根据分权理论的计划和实施分开方法，可以将两个部分相对独立。

适用场景 Applicable scene

★ 对某个问题已经有了初步的解决方案时

| 如何使用 | How to use ▶▶ |

Tip1：根据项目发展势态的缓急和实际情况确立执行步骤

不同的项目有着不同特点，实施的步骤和要求也不尽相同，因此具体实施工作的内容和时间安排会出现某些差别。一般来说，大多数工作或者项目都会由目标产生计划，由计划开展实施，但是也有特殊工作项目可能会先实施，甚至由于很多突发事件导致无法准确做出计划。当然这种情况不多，但是也不是完全不能计划的，因此可以"先执行实施——计划后续铺排所有可能性——执行反馈——调整计划铺排情况——调整实施节奏和方法——完成项目"。

Tip2：计划的编制要结合实际，多方面考虑

计划的开始不能一味理想化，脱离实际，需要结合实际情况，同时协同多方面制订计划，计划是指导，但更应该是各个环节的协调和汇总。如财务费用、时间考量、客观因素、主观问题、资源整合、人员匹配、相关物料，等等。在高度不变的情况下，落地性更是重点。

Tip3：项目实施和执行要有阶段目标，专注于解决实际问题

制订项目实施计划是围绕项目目标，系统地规划该项目实施过程中的主要工作内容及相应的时间进度。因此，项目实施计划的内容，实际上也就是项目实施期间各项工作的内容，但是实施过程中往往可能发生突发事件，这些未必是计划所能顾及的，所以专注于解决实际问题是项目实施的重点工作。

Tip4：阶段性回顾和检查，将实施进度与计划阶段相互调整，优化执行

无论是先执行还是先计划，都要注重阶段性检查和回顾调整，从而促进项目进行，更好地助力项目的发展和事情的优化展开，两个部分独立存在，但在项目中是配合和促进的关系。

注意要点 Points for attention

* 将计划和实施分开不是简单意义上的完全不做计划或者不做实施，两者本就是一个项目的两个核心部分，这里的重点在于，通过两个体系的分权后，规避倾向计划或者青睐执行的偏执行为，达到相互独立且在检查及运用中相互促进的目的。

工具 88：否定假设法

管理工具 Management tool

否定假设法其实是从"肯定否定规律""否定之否定规律"延伸出的工作方法。该工作法的运用在多个领域卓有成效，比如，美国学者布朗与沃尔特就用否定假设法在数学领域做出了杰出的贡献。否定假设法的意义在于，通过权衡不实施解决方案可能带来的结果，来判断如果实施可能带来的好处，同时辩证地给出解决方案在否定结果的前提下可能产生的偏差。简单来说，就是对某一项工作直接进行否定假设，从而更好地衡量需求和目的的反向思考方法。

适用场景 Applicable scene ▶▶

★ 需要提出建设性的批评意见来进一步完善你的想法时

如何使用 How to use ▶▶

生活中，我们常常遇到很多问题，例如，不知道如何选择，不知道工作要不要开展，甚至某些项目或者工作已经制订了解决方案，却完全不能确定是否能达到预期，对结果非常怀疑，等等。类似的情况发生时，我们可以用否定假设法来解决所面临的这些难题，具体方法如下：

Tip1：在纸上或者本子中陈列出相关的问题，如果有解决方案了，就将解决方案全部陈述清楚。然后再将问题和解决方案以下的空间分为左右两列，左边记录要做的相关内容，右边是否定后不做的相关内容。

Tip2：开始头脑风暴，思考实施解决方案可能带来的益处，并且将这些好处逐一记录下来，写在本子的左侧部分。

Tip3：针对每一种列出的好处，思考如果我们将其都推翻，不执行这个新的解决方案，甚至不做这些事情的好处是什么。同时将做这些事情得到的好处及可能付出的代价，和不做这些事情产生的好处以及代价也分别列出来。将其写在对应的右侧分栏里。

Tip4：给自己所列的观点和记录的内容打分，分数范围为1~10分，1分为最低分，10分为最高分，需要分别给左边要做的好处和付出的代价，以及右边否定后不做的好处和付出的代价打分。如果左侧应该做的分数很低，那么显然这个事情或者方案的可行性并不高，代价还很大，这个方案不该被执行；相反，则可以不再怀疑已经被确定的方案，坚决执行即可。

注意要点　Points for attention

＊在处理问题的过程中，我们往往会基于自己的经验，做出非理性的思考、列举和评判，这种情况下的益处未必是真实的。所以建议在使用否定假设的工具时应冷静思考，不要固执己见地认为一定是否定的，要以开放包容的第三者立场，跳出固有观念去使用工具。

工具89：墨菲定律

管理工具　Management tool

越害怕发生的事情就越会发生，这就是著名的墨菲定律。墨菲定律是美国的一名工程师爱德华·墨菲作出的著名论断，他认为事情如果有变坏的可能，不管这种可能性有多小，它总会发生。例如，和客户约定在某个时间面谈，你不希望因迟到给对方留下不好的印象，尽管你提前准备，但还是因堵车迟到了30分钟；客户找你订一批货，你希望按期交付，却在截止日期快到时，因为某台机器故障或者某个人的失误而使进度陷入停滞……

从墨菲定律中，我们可以得到一些启示：容易犯错是人与生俱来的弱点，无论科技多么发达，我们解决问题的手段多么高明，有些不幸的事情总会发生。所以，我们应该尽可能想得周到、规划全面，如果真的发生不幸或者损失，我们需要坦然面对它，认真总结所犯的错误，而不是试图忽略或掩盖它。

适用场景 Applicable scene ▶▶

★ 当任务实际完成情况脱离计划，甚至出现不好的预兆时

如何使用 How to use ▶▶

如何运用这个"测量"工具来管理我们的生活和工作呢？这里列出以下四个步骤：

Tip1：事先周密计划

在开始做一件事之前，一定要了解清楚事情的前因后果，并设想各种可能发生的情况，判断事情发展的趋势，尽量减少小概率事件的发生。

Tip2：预留出一定的时间

《西游记》中，唐僧对唐太宗说预计需要三四年的时间就可以将真经取回，实际却足足花了十四年的时间。所以，对于庞大复杂的事情，尤其是自己不熟悉或没把握的事情，我们在分配时间时，要多预留出一些时间。以免意外发生的时候没有时间来进行补救。

Tip3：建立应急预警机制

既然错误无可避免，那么最好的应对之法就是事先建立预警机制，对各种可能发生的情况和问题，提前想好应对的策略

和解决办法，必要时可以组织相关人员进行模拟演练。这样，即使错误发生了，我们也能在短时间内迅速解决，从而避免因事态扩大而产生更严重的后果。

注意要点　Points for attention

＊墨菲定律体现在每项工作所花费的时间一定会比你想象中的长。你会发现，如果你把时间算计得非常紧凑，那紧急时刻一定会出差错。如果你想做好时间管理，千万要记得留出足够的时间，用来应对突发情况。

工具 90：测量

管理工具　Management tool

测量是按照某种规律，用数据来描述观察到的现象的记录方法，即对事物作出量化描述。生活工作中，我们往往重视标准，却忽略了测量工具的使用，测量是标准化体系的重要内容，也是标准化的前提，甚至可以被理解为检查和反馈机制。没有测量的标准是缺乏科学依据的，没有定期测量就不会有真正意义上的检查和反馈，当然也无法知道人们的行动或者工作是否符合标准，是否取得进步。

适用场景　Applicable scene

★ 工作中标准化形成的过程

★ 定义和跟进过程采用的手段

如何使用　　How to use

如何运用这个"测量"这个工具来管理我们的生活和工作呢？这里列出以下四个步骤：

Tip1：确定测量目标

测量一定是按照某种规律，用数据来描述观察到的现象，即对事物做出量化描述。在具体的工程或者最直观的数学领域，它包含长度、面积、形状、高度、角度，等等。举个例子，肯德基作为快餐巨头，它的测量随处可见，店面的统一形象、柜台的高度、服务人员的服务、薯条鸡块的烹饪时间等，都是经过测量的。生活中每天做运动的时间长短、跳绳的次数、健身后身体的各项指标等，也都可以作为测量目标。

Tip2：确定测量标准或初始数据

如果你所测量的为日常事件，那么也许已有约定俗成或者科学的标准，在测量时可以参考对标，但是这个过程中，最重要的还是与自我的对标，每个人的情况都不一样，你需要给自己设定一个小范围的目标然后去努力实现，阶段完成后形成测量记录；或者你正在完成一个新的项目，没有任何标准可言，那么在开始前，或者第一阶段第一次的测量就会成为你的参照物，第一次测量获得的数据就会成为衡量你进步情况的初始数据。

Tip3：测量方法

结合以上两点，采用有针对性的测量方法。对几何量的测量，可根据被测参数的特点，选用公差值、大小、轻重、材质、数量等数据，其他诸如服务标准、完成标准和状态则可以采用叙述抽查、选择打分、调查、问卷等多种方式。分析研究该参数与其他参数的关系，最后确定对该参数如何进行测量的操作方法。

Tip4：优化测量标准

因为测量与真实情况存在偏差，不相符合的地方就有优化的空间，需要根据实际情况做标准的升级或者执行的调整，然后实现不断进步的目标。

注意要点　Points for attention

＊测量的方法很多，有直接测量、间接测量、接触测量、非接触测量、比较法、替代法、累积法，等等，根据不同项目采用不同的针对性测量方法是重点。

工具 91：日程记录

管理工具　Management tool

日程记录就是简单的时间日志，我们一般可以把四五天或者一个阶段内所做的每件事情进行简单的记录。把这些事情记录下来需要花费一定时间，但是我们却可以从中总结出一些对我们有帮助的东西，比如，我们的大部分时间花费在什么地方？我们花费的很多时间是否用在了重要且正确的事情上面，等等。日程记录不仅方便了我们管理日常事务,还达到了记工作备忘录的目的。做好日程记录并管理安排,能让我们的学习、生活和工作变得井井有条,而且可以提升效率。

适用场景 Applicable scene

★ 学习、生活或工作中,事情较多也较为繁杂时

★ 制订好一个目标并开始进行之前,以及完成之后需要记录好花费的时间及所做的事情时

如何使用 How to use

Tip1:列明日程清单以及记录好时间开销。在任务笔记本上,用最基础的方法列出我们一天所有的待办事项、工作清单或任务列表等,我们可以简单进行分区,上面代表优先级最高的待办事项,下面可以是一些临时的任务。如果一项任务比较复杂,我们可以把它拆分成子任务,这样能够降低我们执行任务的门槛。

Tip2:制订好日计划以及列好时间轴。我们先在笔记本中间写明我们的待办事项或者工作清单,然后将左边当成时间轴区域,在时间轴区域记录我们完成这一任务的具体时间,比如,上课时间或工作中的会议时间、会客时间以及休息时间,等等。任务完成后可以打钩,或者用彩色笔圈出时间轴上的专注时间段。不同类型的任务,我们就可以用不同的颜色来标记。如果当天有很重要的任务,可以用彩色便利贴写上任务,贴在显眼的位置。笔记本下面同样写上当日感想以及一些复盘内容。

> 注意要点　　Points for attention　　▶▶

＊日程记录的目的不在于形式，更重要的是记录和追踪我们的时间，只要把我们的计划落实成行动，任何记录的形式都是可行的。

＊日程记录吸引人的地方在于它打破了一切假象。每次我们记录的时候，都会发现理想的生产效率状况和真正的工作习惯之间的差异。尽管我们提升了许多，但日程记录仍会反映出所有不好的细节，并且告诉我们哪里需要改进。

工具 92：迅速试错

> 管理工具　　Management tool　　▶▶

试错是解决问题、获得知识常识常用的方法，即根据已有经验，采取系统或随机的方法，去尝试各种可能的答案。当问题相对来说比较简单或者范围比较有限的时候，试错的方法具有很好的效果。而迅速试错，则是在试错的基础上，提高了效率，减少了时间浪费。毕竟，当我们把更少的时间花费在错误的任务以及所做的事情上的时候，我们就相对有了更多的时间去努力做正确的事情。当我们从试错中及时得到了一些经验、教训以及反馈时，这些经验、教训以及反馈就会第一时间给我们带来帮助，从而让我们离成功以及正确的方向越来越近。

适用场景 Applicable scene

★尝试我们从未接触过的事情，自身没有相关经验，也很少有其他资料及个人为我们提供有效的帮助时

如何使用 How to use

Tip1：要有勇气去尝试，克服恐惧，付诸行动。在我们面对问题或者面对未知的时候，每个人都会不自觉地产生一种恐惧的心理，会下意识地逃避，踏出第一步确实需要勇气。仔细想想，我们恐惧的其实只是恐惧本身。

Tip2：快速试错要强调"快速"两个字。快速是对工作效率以及解决问题快慢的描述，它并不是指浅尝即止，当然也不可偏执顽固。虽然是试错，但在我们每一次尝试的时候，都应该相信我们所尝试的方法是正确的，毕竟我们的试错本来就是以找到正确方法为前提；直到我们完全证明那种途径行不通的时候，就果断放弃，换一个角度，切忌纠缠不清。

Tip3：想要快速试错，就要学会把握度。尝试每一种方法的时候都必须保持足够的耐心，急躁会导致我们犯下一些容易让人忽视的错误。这类无意中引起的小错误，可能会影响对我们所用方法正确与否的判断及评价。如果原本可以达到目的的方法被排除，就会增加我们的工作量，降低我们的工作效率。

注意要点 Points for attention

＊我们需要学会把握好放弃和坚持的平衡点。能盲目试

错，做之前也要评估试错的代价是否在可以接受的范围之内。

＊不能全盘否定那些"行不通"的方法。当我们已经尝试了很多方法都没有解决问题的时候，我们需要调整心态，回过头重新审视下我们用过的方法。有些时候，成功也许就藏在之前试过的方法中，就算没有找到，这些试错的方法也会给我们提供一定的经验帮助。

工具93：实验

管理工具 Management tool

实验是科学研究的基本方法之一，根据科学研究的目的，尽可能排除外界的影响，突出主要因素，并利用一些专门的设备人为地变更、控制或模拟研究对象，使得某些事物（或过程）发生或再现，从而找出其中的本质及规律。其目的一方面是验证已有的理论，另一方面是通过合理的实验设计以及实施，来证实自己的合理推测并得出相应结论。它在我们完成某一工作或达到某一目标时，能通过我们的分析以及以往的类似经验，帮助我们把事情往相对可靠的方式上引导，从而让我们快速高效正确地完成对应的事情或目标。

适用场景 Applicable scene

★ 学习、生活或工作目标完成之前的计划制订阶段

★ 完成目标过程中的错误修正

★ 高效完成工作后的经验总结及累积

如何使用　How to use

Tip1：**首先要控制好正确的情境**。实验活动必须在严格正确及类似的条件下进行，控制好实验的步骤，实验的因素选择，等等。另外，实验的环境最好符合未来学习、生活或工作的场景，这样得出的结论也会更加精准。

Tip2：**排除无关因素**。每次进行实验时要排除或改变一个因素，同时使其他的因素完全一致，才能逐渐考察出实验的结果。

Tip3：**实验的结果最好进行记录**。当实验结束后，我们应当对实验产生的结果进行相应的记录，在未来遇到类似事情时，我们就能第一时间寻找到相对应的数据，从而找出对我们有利的部分并加以利用。

Tip4：**反复实验多次验证**。因为单次的实验可能因为各种其他因素，存在一定的误差或错误，那么我们就需要多次对同一事件进行实验验证，从而确定得出的结果在一定范围内是正确的。毕竟，所谓科学的实验，就是要确保它的客观性。

注意要点　Points for attention

＊我们在做一件事或制订某一目标前，应当要有一个关于解决这一问题的设想，拟定一个详细的方案以及初步的待证理论。

＊可以借鉴其他人的相关做法并加以利用，看看其他人是

否提出过相同假设并进行了实验,他们所做的实验是否可靠,哪些部分已经解决了,哪些还存在问题,等等。

＊实验前,要检查客观条件是否具备,不能盲目开始进行实验。

工具 94:条理 VS 成就

管理工具　　Management tool　　▶▶

条理VS成就是生产效率中重要的一环。如果我们的任务清单不见了,这个时候我们又没有办法很好地储存我们做过的文件或工作,那我们就很难完成工作。我们必须清楚一件事,那就是条理和成就不是一回事。戴维·艾伦的书《把事情做好》关注了条理性,尤其是任务和项目的条理性。但是他没有注意到生产效率的其他部分,如行动力。成就不单单是要有条理,还需要采取行动,认真工作为之付出努力,并且对最后的目标以及结果要有不懈的追求。没有目的,整天做一些无法完成的且没有意义的事情,实际上是缺乏成就的表现。我们身边有些人做事很有序,很有条理,有些人却像无头的苍蝇乱撞,到了最后,有序有条理的人往往都能取得较好的成就,而那些没有条理的人大多一事无成。所以,我们需要掌握好做事的条理性,并且好好利用,让它成就我们,成为提升我们工作效率的帮手。

适用场景　Applicable scene

★ 问题的解决方案显而易见，但你想从全新的角度来审视问题时

如何使用　How to use

Tip1：培养做决定以及提前做好工作计划的能力。我们比别人工作时间长，比别人辛苦的原因是可能是我们没有计划，做事情没有条理。这个时候，我们需要对一件事情尽可能地迅速作出决定，并且清楚知道自己要做什么、怎么去做。

Tip2：处理事情要及时。凡是手头的工作、文件，每天都要想办法做到当天完成，如果我们每天集中一段时间，先把那些信息文件处理完，我们就可以专心投入到其他重要的工作中了，如果总是有些零星的信息文件要处理，就会耽误我们很多时间，让我们自己变得没有条理。

Tip3：我们要学会综合以及结合。我们在列明计划的时候，可以对一些相同的工作或者有联系的工作内容进行结合，通过一些方式，把这些有联系的工作综合处理，这样在一个时间段内，我们就可以做很多工作，大大提高了我们的工作效率。

Tip4：制订工作计划。我们需要制订一个工作计划，把近期所有的工作都罗列出来，按照我们的工作计划落实表，尽量在规定的时间完成好应该做的工作，这样可以避免丢三落四，慌慌张张，盲目工作却没有工作效率。

注意要点　Points for attention　▶▶

＊工作计划的制订要科学合理，优先且重要的事情永远要放在不重要且不着急的事情之前。

＊成就不仅仅要有条理，还要付诸行动，两者结合在一起才有可能完成我们的任务及目标。

工具 95：做一只刺猬

管理工具　Management tool　▶▶

做一只刺猬可以理解为，用简单的方式取得成功。古希腊的一则寓言中讲道："狐狸知道很多事，但刺猬只知道最重要的一件事。"在寓言中，狐狸用了很多方法想抓住刺猬：它们偷袭、猛扑过去、装死，等等，但每次都碰一鼻子刺而无功而返。狐狸永远不会从刺猬身上学到的一点就是，如何只"完美"地做一件事来保护自己。刺猬在一件事上是卓越的，而狐狸在许多事情上是普普通通的。

哲学家以赛亚·伯林将这则寓言应用于现代社会，他在1953年发表的文章中提到了"刺猬和狐狸"，他把人分成两种：狐狸和刺猬。他认为：狐狸是精明的，同时追求多个目标和兴趣点。而因为兴趣点广泛和多策略的风格，他们的思想无法集中，长远看能实现的目标有限。而刺猬缓慢且稳重，人们常常因为他们过于安静、低调而忽略他们。但他们和狐狸不同：刺猬能"简化"世界，只集中在一件最重要的事情上，这个原则也使他们做的所有事情都能帮助他们成功抵御所有敌人。

适用场景 Applicable scene ▶▶

★ 个人在考虑未来的规划或团队企业在开始定位组建前，需要明确自己或公司擅长的东西，再围绕所擅长的东西开展接下来所需要做的事时

如何使用 How to use ▶▶

Tip1：我们首先应当了解自己学习、生活或工作中的"激情"。想想是什么让我们在学习、生活或工作中充满热情？是什么让我们早起晚睡，一直工作到其他人都已经下班回家？我们对什么东西最感兴趣？然后，看看这个兴趣能够帮助到我们什么，看看我们团队企业的使命和愿景以及它的核心价值是什么。

Tip2：了解我们能把"什么"做到最好。在这一方面，我们的目的是了解自己或自己所在团队在哪些方面可以比别人做得更好。如果在我们选定的这个重心之处，我们无法比其他人做得更好，那么这个重心不能成为我们"刺猬理论"的基础。

Tip3：当以上二者都确定后，再看看这两者是否能够产生联系，从而成为我们的战略点。如果产生了联系，我们能否通过进一步的动作，带来可持续、长期的成功，如果只有短时间的效果，那么我们就需要考虑通过其他方式来找到自己的战略

点。另外，我们需要考虑这个战略点能否让我们获益，能否通过这个战略点吸引更多的人或者团队，能否抵御其他团队对我们的伤害。如果所有内容都符合我们的预期，那么我们就应该付诸行动并坚持下去。

注意要点 Points for attention ▶▶

* 虽然我们只专注一个领域，但我们可以和精通其他领域的人开展合作。

* 必须了解自身，知道我们自己所擅长的东西，并将其作为重要的工具使用起来。

工具96：MUSE法挑选解决方案

管理工具 Management tool ▶▶

在学习、生活或工作中，我们常常会面临很多难题，有些好的、高效的方法，因为各种原因，没有被展示或者表达出来。这个时候，我们就可以使用MUSE法，它可以帮助我们挑选出最佳的解决方案。MUSE法挑选解决方案是把解决问题的流程分为几个阶段，MUSE分别为me（我）、us（我们）、select（挑选）、explain（解释）这4个单词的首字母。M（me）是我（每个人）表达或写出自己问题可能的解决方案；

U（us）是成员之间的互相讨论，并且对目前的方法进行质疑和改进；S（select）表示我们在其中挑选最好的解决方案，并记录下来，保证每个参与者都可以看到；E（explain）表示我们向所有参与者解释自己的想法和可行性。这个工具可以帮助我们有效快速地解决一些问题。

适用场景　Applicable scene

★ 在面临问题自身无法解决或预期解决方法较多，需要其他人参与进来的时候

★ 保证那些平时比较活跃、声音最大的参与者不会主导问题解决方法的时候

★ 吸引那些平时不善言辞，但是往往能提出有效建议、做出有效贡献的人

如何使用　How to use

Tip1：先将问题表述清楚，然后个人分析问题或者邀请参与者共同对问题进行研究，并进行提问和讨论，确保自己或其他参与者完全理解了问题，完全清楚问题所要表述的意思。

Tip2："我"或者其他参与者在其他人不参与的情况下，各自将自己能够提出的解决方案记录下来。两人分为一组，就两人各自提出的解决方案进行讨论、比较，然后就对方提出的解决方法进行质疑、提问，并帮助对方改正、优化解决方案。

Tip3："我们"从每个组挑选出最合适的解决方案，然后把方案以各种方式展现在每组或每个人的面前，保证每个人都

能够清楚直观地看见其他人的解决方案。

Tip4：在保证"我们"可以了解其他组的解决方法后，由每个组选出代表向所有参与者表述自己的解决方案，并解释其想法以及可行性。所有参与者都可以适时提出一些问题，由每组代表进行解释解答。当全体参与者对解决方案进行解释后，集体进行投票，选出最佳的问题解决方法。如果有优化的地方，在所有参与者都赞成的情况下，加以优化，使得解决问题的方法更加全面，从而保证问题能够得到解决。

Tip5：最后，针对得到的解决方法，由全体参与者讨论什么时候执行，以及由哪些人执行。

注意要点　Points for attention

* 我们要确保提出的问题，所有参与者都真正地了解。

* 避免当解决方法由团队共同制订出来后，决策者不经验证，一个人盲目推翻。

* 有时候，参与者会认为制订出的方法理应由问题发起人或决策者作为实施者。我们应当避免这个观点，而是要确保由合适的人选去实施解决方案。

工具 97：A、D 制工作法

管理工具　Management tool

A、D制工作法是先区别各种工作时间的性质，然后用"连续、分段、连续、分段"组合进行工作的一种方法。我们常常有这样的经历，单调乏味的工作使我们心里产生厌烦情绪，感到浑身疲倦。但如果此时换一种新的工作，精神马上就提高了。这就是A、D制工作法的原理。

适用场景　Applicable scene ▶▶

★ 对一成不变的工作环境和工作任务感到厌倦时

如何使用　How to use ▶▶

Tip1：把一天的工作分成两类。一类是需要运用右脑的思考类工作，如写文章、做策划等；另一类则是运用左脑的动手、执行类工作，如复印、打电话等。

Tip2：让这两类工作交替进行，就可以让左右脑轮流获得休息，减轻疲倦感，也能使工作更加专注，提高工作效率。比如，写一会儿文章就停下来打打电话。

注意要点　Points for attention ▶▶

* A、D制工作法的要义是：经常使工作充满新鲜感。每隔一段时间，我们可以依据这个工作法改变一下工作环境和工作方式，让不同的新鲜信息刺激大脑，以达到提高工作效率的目的。

工具 98：参考借鉴法

管理工具 Management tool

参考的意义是指处理某些事情时，参照有关材料研究，对比找到解决的办法，借鉴是指把别人或者是别的事情当做镜子对照一遍，吸取成功经验。这二者都有参照别人反思自己再学习别人成功方式的意思。

适用场景 Applicable scene

★ 遇到困难需要迅速获得解决方案的时候

如何使用 How to use

古人赵括熟读兵法，因此他带兵打仗时排兵布阵、一招一式完全按照书中的经验，结果在长平之战中大败，留下了"纸上谈兵"的历史笑话。

赵括学习别人的成功经验，为何没有成功？大家应该如何正确地借鉴别人的成功方式呢？以下有几条建议给大家。

Tip1：借鉴别人的成功经验，再结合自身的情况对经验做或大或小的改动。比如，某位摄影大师的作品是在非洲大草原拍摄的狮群，那么其他的摄影爱好者可以借鉴其作品的构图方式，或者是模仿其作品中光线的明暗对比。

Tip2：学习别人成功经验的同时考虑到别人成功的条件。东施效颦的故事我们耳熟能详，故事的本意并不是赞扬美、嘲笑丑，因为相貌是天生注定的，而是要告诉大家，照搬别人好的东西不仅达不到预期的效果，反而会适得其反，人们要善于发现自己的优点和长处，根据自己的特点去创造出成功的结果。

注意要点　Points for attention

＊适当的模仿是可取的，不要避讳模仿，适度的模仿不会被视为抄袭。此类方法指的是学习好的成功方式，并不是全部照搬。

＊模仿的目的在于超越，等到做出结果以后，形成自己的模式，这时再逐步创新。